Si usted desea estar informado de nuestras publicaciones, sírvase remitirnos su nombre y dirección, o simplemente su tarjeta de visita, indicándonos los temas que sean de su interés.

Ediciones Martínez Roca, S. A.
Dep. Información Bibliográfica
Enric Granados, 84 - 08008 Barcelona

Las nuevas profecías de
NOSTRADAMUS
hasta el año 2025

Jean-Charles de Fontbrune

Las nuevas profecías de NOSTRADAMUS hasta el año 2025

Ediciones Martínez Roca, S. A.

Traducción de Manuel Serrat Crespo

Ilustración cubierta: *Portrait de Nostradamus*,
Musées des Arts et Traditions populaires, París

Título original: *Nostradamus. Nouvelles prophéties 1995-2025*

© 1995, Éditions Ramsay, París
© 1996, Ediciones Martínez Roca, S. A.
Enric Granados, 84, 08008 Barcelona
ISBN 84-270-2098-2
Depósito legal B. 7.633-1996
Fotocomposición de Pacmer, S. A., Alcolea, 106-108, 08014 Barcelona
Impreso por Libergraf, S. L., Constitució, 19, 08014 Barcelona

Impreso en España – Printed in Spain

A Nicole, por su preciosa ayuda.
A Henri Lagardère, astrólogo,
por su eficaz colaboración.

Poned veinte veces manos a la obra,
pulid sin cesar una y otra vez.
Añadid a veces, borrad más a menudo.

Boileau,
L'Art poétique

Preámbulo

La humanidad gime medio aplastada por el peso de los progresos que ha realizado, no advierte lo bastante que su porvenir depende de sí misma.

HENRI BERGSON,
Les Deux Sources de la morale et de la religion

El objetivo esencial de esta obra es informar y advertir. El hombre está en una encrucijada fundamental de su historia. Advirtiendo las catástrofes que ha engendrado a lo largo del siglo XX (dos guerras mundiales, genocidios, terrorismo, desastres ecológicos: desertización, efecto invernadero, Chernobil, mar de Aral, etc.), es indispensable sensibilizarlo a las locuras que puede seguir perpetrando y que fueron anunciadas por Nostradamus. A la humanidad le toca desmentir al profeta. La elección que hoy se le impone es sencilla: o antes de 1998 toma las riendas de su destino para establecer en la tierra la paz universal y el renacimiento espiritual, o prosigue su ciclo infernal de materialismo destructivo y, en ese caso, contribuirá a la realización de las profecías de Nostradamus y del Apocalipsis de Juan...

«Ciencia sin conciencia es sólo ruina del alma.»

FRANÇOIS RABELAIS

Introducción

Desde 1980 han tenido lugar cierto número de acontecimientos previstos por Nostradamus. Es interesante, pues, quince años más tarde, establecer un balance. Hay, por otra parte, errores que deben ser corregidos. En efecto, el desarrollo de la historia permite aportar precisiones a los acontecimientos profetizados en el siglo XVI por Nostradamus. Por ejemplo, el derrumbamiento del comunismo en la Europa del Este, a excepción de Albania y Yugoslavia (siete países de nueve, había dicho).

Uno de los mayores reproches que se hacen a las profecías de Nostradamus se refiere a su carácter apocalíptico. El análisis de las cuartetas referentes a acontecimientos pasados demuestra que, a menudo, el aspecto catastrófico de tal o cual hecho histórico fue muy exagerado. Aunque no siempre sea así. Por ejemplo, acerca de las persecuciones contra los judíos, Nostradamus no exagera cuando escribe: «El primer personaje del [Tercer Reich] hará peor que hizo Nerón. Será tan valiente para vaciar la sangre humana como para derramarla» (*Nostradamus, historiador y profeta*, tomo I, IX, 17).

Podemos sin embargo preguntarnos por las razones de ciertas exageraciones. Siendo el objeto esencial de la profecía denunciar las criminales locuras de los hombres, Nostradamus pudo caricaturizarlas con un objetivo moralizante, para llevar al hombre, si no a corregirse, al menos a reflexionar sobre sus actos. Por otra parte, siendo los acontecimientos descritos para el período referente al final de su «mensaje» (1995-2025) mucho más terroríficos que los de los períodos precedentes, podemos suponer que las exageraciones fueron utilizadas para infundir miedo y, de ese modo, impedir un proceso que puede llevar a la humanidad al borde de un espantoso abismo. Ese texto, escrito en el siglo XVI, tendría entonces una maravillosa «misión» de salvamento para con una humanidad comprometida en su autodestrucción.

Cuando se inicia el estudio de un texto profético tan denso como el de las cuartetas de Nostradamus, chocamos con dos obstáculos fundamentales. El primero es la imaginación, «esa maestra de error y falsedad y tanto más pérfida cuanto no siempre lo es», como escribió tan acertadamente Pascal. Ella es la que puede ser causa de interpretaciones fantasiosas o personales a partir de una traducción exacta y, peor aún, producir contrasentidos cuando se ejerce sobre errores de traducción. Ésta es la razón por la que los numerosos intentos de comprensión e interpretación de las profecías de Nostradamus han avalado la tesis de que sus escritos eran sólo un galimatías al que se le podía hacer decir lo que se deseara. Sería imprudente afirmar que sus escritos no tienen ningún sentido, con el pretexto de que es posible hacerles decir todo y lo contrario de todo. En efecto, ésta es una de las críticas más corrientes que se hacen a las centurias. Muchos exégetas han creído que Nostradamus era un pozo del que sólo sacabas lo que ponías, forzando sus textos para encontrar en ellos, a toda costa, lo que deseaban ver o lo que abonaba sus propias ideas filosóficas, políticas o religiosas. Los parapsicólogos y demás ocultistas o esoteristas se llevan la palma. No han sabido tener en cuenta la advertencia dada por Nostradamus, ya al comienzo de las centurias, puesto que la primera cuarteta de su obra es muy explícita en este punto y está colocada en cabeza, como un faro, para guiar al traductor:

CENTURIA I, cuarteta 1

Estant assis de nuict secret estude,
Seul reposé sur la selle d'airain,
Flamme exigue sortant de solitude
Fait prosperer qui n'est à croire vain.

Estando de noche estudiando en mi secreto retiro,
Sentado, *sólo*, en un sillón de cobre,
Pequeña llama de la *soledad* surge
Hace prosperar lo que no puede creerse vano.

14

El profeta no suele repetirse. Para que Nostradamus haya creído oportuno expresar lo mismo dos veces en cuatro líneas es preciso que supiera, sin duda, que se intentaría ponerle etiquetas o que se le atribuirían pertenencias a éste o aquel grupo, capilla o Iglesia.

Los exégetas no franceses han querido encontrar en las cuartetas la historia de sus países, olvidando que se refieren esencialmente a la historia de Francia. Los autores anglosajones, y especialmente los americanos, se han distinguido especialmente en estas tentativas de hacer coincidir el texto con su historia. Encontramos así, en varios libros, el asesinato de John Kennedy, la destrucción de Nueva York, etcétera. ¿Cómo unos escritores, cuya honestidad intelectual no puede ponerse en duda, han podido escamotear esa advertencia también fundamental hecha por Nostradamus en su *Carta a Enrique, rey de Francia segundo*: «He consagrado, pues, mis suputaciones nocturnas y proféticas, compuestas gracias a un instinto natural, con ayuda de un transporte poético, con las reglas de la poesía y la mayoría de estas suposiciones concordadas con los cálculos de la astronomía que corresponden a los años, a los meses, a las semanas, a las regiones, a los países y a la mayoría de villas y ciudades de toda Europa, comprendida África y una parte de Asia, que conocerán los cambios de fronteras...»? Vano es, pues, buscar en las centurias acontecimientos que afecten directamente la historia del continente americano y, en cierto modo, mejor es así.

¡Los autores anglosajones se apoderaron de la expresión *la grande cité* para anunciar la destrucción de Nueva York! Ahora bien, estas palabras, que se encuentran once veces sin más precisión geográfica, se refieren siempre a París y a acontecimientos que afectaron la capital, como la matanza de la noche de San Bartolomé. El pasado sirve, pues, para definir el porvenir y precisar el sentido de las palabras o grupos de palabras que Nostradamus utiliza. Como estamos llegando al final de la profecía (2025), es más cómodo que hace uno o dos siglos encuadrar las cuartetas que se refieren al porvenir, puesto que la horquilla de tiempo que se nos ofrece es ya sólo de treinta años. Sin embargo, la abundancia de precisiones concentrada en el final de la civilización europea no hace fácil su clasificación.

El segundo y temible escollo que encontramos en el estudio de estos textos es el aspecto absolutamente racional de la historia. Así, un acontecimiento anunciado hoy y previsto para dentro de diez años parecerá absurdo e imposible, cuando, diez años más tarde, este mismo acontecimiento entrará en la historia y parecerá de inmediato evidente.

Tomemos un ejemplo: imaginemos que en 1938 un vidente *extralúcido* hubiera lanzado la siguiente profecía: «Dentro de dos años, en 1940, la Tercera República se derrumbará. Un viejo mariscal llegará al poder. Meterá en un armario las tres palabras que se creían intangibles de *libertad, igualdad, fraternidad*, para sustituirlas por *trabajo, familia, patria*». El vidente, sin duda alguna, habría sido tratado de loco y tal vez internado por delirio. Y sin embargo es lo que ocurrió, contra toda lógica. Es preciso, pues, admitir que la razón humana es un medio inadecuado para abordar el porvenir del hombre; sin ello, los profetas serían inútiles y cualquier acontecimiento podría ser programado.

Así, durante una conferencia que di en el palacio de congresos de Aix-en-Provence, en 1975, anuncié la caída del sha, tres años antes del acontecimiento. La profecía pareció absurda a mi auditorio. Y sin embargo he aquí la cuarteta que describía el histórico cambio:

CENTURIA I, cuarteta 70

Pluye, faim, guerre en Perse non cessée,
La foy trop grande trahira le monarque:
Par la finie en Gaule commencée,
Secret augure pour à un estre parqué.

Lluvia, hambre, guerra en Persia no cesada,
La fe demasiado grande traicionará al monarca
Por el fin en Galia comenzado,
Secreto augur en un lugar retirado.

Este texto nos proporciona un ejemplo típico de las trampas tendidas por Nostradamus a su traductor: la revolución (la palabra lluvia, como diluvio, está tomada simbólicamente en el sentido de trastorno), el hambre y la guerra no cesarán en Irán. El fanatismo religioso (sinónimo incluso de *fe demasiado grande*) traicionará al sha, cuyo final habrá comenzado en Francia. El aspecto incomprensible del último verso se debe al hecho de que Nostradamus se expresa en francés con una construcción latina, colocando el verbo al final de la frase y el complemento de lugar (secreto, del latín *secretum* que significa «lugar retirado») al comienzo. Debe, pues, traducirse: a causa de un profeta (*augur* en latín) que se hallará en un lugar retirado. Sabemos hoy que se trataba del ayatolá Jomeini, el profeta exiliado de los chiítas que estaba en Neauphle-le-Château.

Durante el debate que siguió a la conferencia, varios contradictores, con acerbas palabras, demostraron que se hacían muchas preguntas sobre la salud mental del conferenciante. Anunciar la caída del sha en 1975 era irracional teniendo en cuenta el análisis lógico del momento. En efecto, las principales objeciones que se hicieron entonces salían de la prensa: el gendarme del Golfo disponía del tercer ejército del mundo. Los americanos nunca abandonarían al sha... Ésos eran los argumentos racionales que podían oponerse a la profecía. Tres años más tarde, en agosto de 1978, Teherán se inflamaba y, cinco meses más tarde, el sha se exiliaba en El Cairo con su familia, provocando una desestabilización del Oriente Medio cuyas consecuencias vemos hoy día. Occidente elegía apoyar otro país de Oriente Medio: ¡Irak! Nadie, salvo el profeta, podía prever que este mismo país se volvería contra quienes lo habían armado tan generosamente.

Comprender las cuartetas referentes al porvenir supone dejar de lado cierta lógica. Es preciso, pues, aceptar el principio de que un acontecimiento que parece irrealizable en un momento dado tendrá lugar más tarde. El estudio de los escritos de Nostradamus y la visión que tuvo de la historia nos enseñan que lo que hoy es blanco puede ser negro mañana, y viceversa. Alfred Sauvy, en su libro *Croissance Zéro*, escribe: «La historia del hombre nunca se ha desarrollado de modo racional»; y añade más adelante: «El porvenir es tanto más difícil de aprehender cuanto todos los esquemas deben inventarse». Esta afirmación explica en gran parte la increíble polémica que produjo, en 1981, *Nostradamus, historiador y profeta*. En efecto, anunciar la caída del muro de Berlín en 1980, cuando Gorbachov y su *perestroika* sólo llegaron en 1985, era sorprendente; pues sólo quince días antes de ese acontecimiento fundamental, ni un solo politicólogo había sido capaz de preverlo; los medios de comunicación advirtieron entonces esta carencia. Además, semejante previsión cuestionaba el reparto del mundo realizado en Yalta, dato que, en Europa, parecía intocable. He aquí la cuarteta que permitía anunciar esta caída con diez años de antelación.

CENTURIA V, cuarteta 81

L'oyseau Royal sur la cité solaire
Sept mois devant fera nocturne augure:
Mur d'Orient cherra tonnerre esclaire,
Sept jour aux portes les ennemis à l'heure.

El pájaro real sobre la ciudad solar
Siete meses delante hará nocturno augurio:
Muro de Oriente caerá trueno relámpago,
Siete días a las puertas los enemigos entonces.

Traducción: el pájaro real (el águila americana) se aliará con la ciudad solar (Heliópolis, la antigua capital de Egipto que, etimológicamente, significa *ciudad solar*). En la coalición contra Irak, los dos países más relevantes fueron Estados Unidos y Egipto, que proporcionaron los contingentes de soldados más importantes. Siete meses antes de esta alianza habrá un presagio nocturno: el «muro del Este» caerá entre relámpagos y ruido. Todo el mundo recuerda la gran fiesta ofrecida en la puerta de Brandeburgo, en Berlín, el 31 de diciembre de 1989, entre el estruendo de los fuegos artificiales, que consagró la caída del *muro de la vergüenza*. Ocho meses más tarde, en agosto de 1990, los enemigos se apoderaron en siete días de las puertas de la ciudad (Koweit City). Efectivamente, en la noche del 1 al 2 de agosto, las fuerzas armadas iraquíes invadían Kuwait y, siete días más tarde, el 8 de agosto, Bagdad se anexionaba Kuwait. He aquí, pues, un texto que, ya en 1980, permitía contemplar la caída del muro de Berlín. A menudo se ha hecho una objeción referente a ese *muro de Oriente*: ¿por qué no va a tratarse de la gran muralla de China? Por una razón muy sencilla: lo que interesa a Nostradamus es esencialmente la historia de Europa. La palabra clave de esta cuarteta es, sin duda alguna, *muro de Oriente*. Por otra parte, es difícilmente imaginable la caída de la inmensa muralla de China. Finalmente, en el siglo XVI se utilizaba la palabra Oriente en vez de la moderna palabra Este.

Nostradamus vio el nacimiento de Saddam Hussein y el aumento de su poder. Además, indicó el día de la semana en el que sería invadido Kuwait y dio parte del nombre de la operación de las potencias occidentales contra Irak, «tormenta del desierto»:

CENTURIA I, cuarteta 50

De l'aquatique triplicité naistra,
D'un qui fera le jeudy pour sa feste,
Son bruit, loz, regne sa puissance croistra,
Par terre & mer aux Oriens tempeste.

18

De la acuática triplicidad nacerá,
De uno que hará el jueves para su fiesta,
Su ruido, loor, reino su poderío crecerá,
Por tierra y mar en los Orientes tormenta.

Triplicidad califica algo triple. *Loz* o *los*, en francés antiguo (loor): «alabanza».

Un personaje (Saddam Hussein) nacerá entre tres aguas (el Tigris, el Éufrates y el Golfo Pérsico) y elegirá un jueves para hacer su fiesta (la invasión de Kuwait y la recuperación de lo que considera como la decimonona provincia de Irak). Su ruido, su alabanza, su poder aumentarán de potencia. Luego en Oriente (Medio) habrá una tormenta (del desierto) por tierra y por mar.

Saddam Hussein nació en Irak, en la pequeña ciudad de Tikrit, situada en la orilla izquierda del Tigris, entre el Éufrates y el Golfo. El ejército iraquí penetraba en Kuwait el jueves 2 de agosto de 1990. En el capítulo 3 se encontrarán las demás cuartetas referentes a Irak y a los acontecimientos por venir.

Imprimir con todas sus letras, en 1980, que monseñor Lefebvre provocaría un cisma en la Iglesia era bastante para irritar a las autoridades católicas, cuando se sabe que es preciso remontarse hasta 1533 para encontrar un cisma en la Iglesia, con la excomunión de Enrique VIII de Inglaterra:

CENTURIA V, cuarteta 46

Par chapeaux rouges querelles et noveaux scismes,
Quand on aura esleu le Sabinois:
On produira contre lui grands sophismes
Et sera Rome lésée par Albannois.

Por sombreros rojos querellas y nuevos cismas,
Cuando se haya elegido al Sabino:
Contra él se producirán grandes sofismas
Y Roma será perjudicada por los Albaneses.

A causa de los obispos habrá querellas y nuevos cismas, cuando se haya elegido al extranjero (en la Roma antigua el calificativo de sabino era sinónimo de extranjero), es decir, el papa polaco. Se lanzarán contra él grandes sofismas (el tradicionalismo) y la Iglesia romana será perjudicada por la gente de Albano. Es, efectivamente, el nombramiento de obispos por monseñor Lefebvre lo que provocó su excomunión y consagró el cisma en la Iglesia. Recordemos aquí que el movimiento de monseñor Lefebvre tenía dos polos importantes: el seminario de Écone, junto al lago Léman, y el seminario de Albano, al sur de Roma, muy cerca de la Sabina, una trampa tendida a los exégetas que tradujeron por Albania.

¡Y qué decir del molesto anuncio de que Irak se revolvería contra Occidente, cuando en 1980 se consideraba a este país el estabilizador del Oriente Medio y, en virtud de este análisis racional, las naciones occidentales, con Francia a la cabeza, le proporcionaban las más modernas tecnologías militares!

Es comprensible que los escritos de Nostradamus molestaran a todo lo que denominamos *poder*. Nostradamus no es el primer profeta que fue vilipendiado por los poderosos de la tierra, puesto que Casandra, la hermosa hija de Príamo, fue desterrada por su propio padre por haber anunciado la ruina de Troya si el caballo de los griegos entraba en la ciudad. Asimismo, Jeremías fue encarcelado por Sedecías, rey de Judá, porque predecía la ruina de Jerusalén. Lo que no impidió a Nabucodonosor II destruir el Templo en 582, apoderarse de Sedecías, reventarle los ojos y dejarle perecer lamentablemente en Babilonia, poniendo así fin al reino de Judá.

Sorprendente es ver las advertencias y los ataques de los grandes prelados católicos del siglo XX contra Nostradamus, cuando en el siglo XVI, en plena Inquisición, fue protegido por la propia Iglesia, que no tuvo ningún inconveniente en que fuera inhumado en la iglesia del convento de los Hermanos menores, en Salon-de-Provence. ¿Es imaginable, ni por un momento, que en aquella época de caza de brujas se enterrara en una iglesia a un personaje que «oliera a hoguera»?

Profetas y profecías molestan también al racionalismo, al que tan apegados están los franceses siguiendo a Descartes. Y debo aquí contar una anécdota que viví, a finales de enero de 1986, en Puy-Saint-Vincent, en los Alpes del sur. Jean-Yves Casgha, periodista, había organizado con Jacques Pradel un coloquio titulado «Ciencia-Frontera», que reunía a científicos de alto nivel y gente que, como yo, es relegada *a priori* por esos mismos científicos a un gueto de irracionalidad; ¡qué número! Como éramos gente de buena educación, no llegamos a las manos, pero en los debates no faltó la discusión. El tema principal del coloquio se refería al cometa Halley. Se habían reunido para la ocasión astrofísicos, directores de observatorio y personas fuera de los cánones científicos, que tal vez tenían algo que decir sobre el paso de aquel cometa. Me habían colocado en esta categoría e invitado por ello. Yo debía decir si Nostradamus había anunciado algún acontecimiento particular que fuera a producirse durante el paso del célebre cometa. El último día del coloquio, estábamos en asamblea general. La sala albergaba a unas doscientas personas, y debiera decir a doscientos *testigos*. Jean-Yves Casgha me preguntó si Nostradamus había predicho uno o varios acontecimientos para el momento en que pasara el cometa, en 1986. Como respuesta, comenté una cuarteta muy detallada, tras haber tomado la precaución de precisar que, si se trataba de este paso, el planeta iba a conocer un incendio que afectaría a una gran superficie, y todo entre el 1 y el 30 de abril de 1986. La precaución era sólo, por otra parte, un recurso estilístico, pues yo estaba convencido entonces de que sólo podía tratarse de este paso porque, desde 1555, fecha de la redacción de la profecía, no se había producido ningún incendio importante durante los precedentes regresos del cometa y, además, las coordenadas astronómicas indicadas por Nostradamus no correspondían a los pasos anteriores a 1986. Y, puesto que la profecía concluye antes del próximo regreso del célebre cometa, la elección no dejaba lugar a duda alguna. Un astrofísico, director de observatorio, se levantó y me dijo: «Señor De Fontbrune, seamos serios, hay incendios todos los meses; ésta es la prueba de que con Nostradamus puede predecirse todo». Recuerdo muy bien cuál fue mi respuesta. Le dije que Nostradamus hablaba de un incendio que afectaría un gran lugar y que, en consecuencia, no podía tratarse del incendio de un edificio en París o en cualquier otra parte. El 26 de abril de 1986, la central atómica de Chernobil se inflamaba y el *viento nuclear* se extendía sobre Europa hasta Bretaña. Hoy le digo a mi contradictor de entonces: «Afortunadamente, no hay un Chernobil todos los meses...». El 27 de abril por la mañana, Jean-Yves Casgha me telefoneó rememorando mis palabras del 29 de enero en Puy-Saint-Vincent.

He aquí, pues, la famosa cuarteta que yo traduje y comenté el 13 de marzo de 1986,[1] es decir, algo más de un mes antes del primer acontecimiento evocado por el texto:

CENTURIA IV, cuarteta 67

L'an que Saturne et Mars esgaux combust,
L'air fort seiché, grande trajection:

1. *Los cometas y las profecías*, Martínez Roca, Barcelona, 1986.

21

Par feux secrets d'ardeur grand lieu adust,
Peu pluye, vent chault, guerres, incursions.

El año que Saturno y Marte iguales ardan,
El aire fuerte secado, gran trayectoria:
Por fuegos secretos de ardor grande lugar adusto,
Poca lluvia, viento cálido, guerra, incursión.

Traducción: el año en que el cometa (trajection –trayección– es una deformación de trayectoria por necesidades de la rima) brille a igual distancia de Saturno y de Marte, el aire estará muy «secado» y un gran lugar arderá con fuegos «ardientes» que serán «mantenidos secretos». Este calor no será llevado por la lluvia sino por el viento; habrá un acto de guerra con una incursión.

El cometa Halley iba a estar a igual distancia de Saturno y de Marte en el mes de abril y declaré, ante aquellas doscientas personas, que esperaba un incendio que afectara una gran superficie entre el 1 y el 30 de abril, así como un acto de guerra en forma de incursión, de acuerdo con las propias palabras de Nostradamus. El primero de estos acontecimientos se produjo el 15 de abril. En efecto, aquel día, 18 bombarderos norteamericanos que salieron de Gran Bretaña, bombardearon Trípoli y Benghazi. El segundo acontecimiento se produjo el 26 de abril, es decir, once días más tarde: Chernobil. Una gigantesca nube radiactiva, arrastrada por los vientos, afectaba prácticamente toda Europa (*l'air fort seiché!*). Finalmente, esos fuegos fueron mantenidos secretos, hasta el punto de que aún hoy no se conoce toda la verdad sobre esta terrible y primera gran catástrofe nuclear provocada por el hombre «aprendiz de brujo».

Todos los poderes, sean cuales fueren, han combatido siempre a los profetas y las profecías, salvo si los utilizan para sus fines. Así, las Iglesias llamadas cristianas, y son numerosas, reconocen a los profetas del Antiguo y del Nuevo Testamento, en primer lugar porque les son útiles para su proselitismo, luego porque esas profecías, habiéndose cumplido ya a su entender, no pueden contrariar sus perspectivas de porvenir. Cuando estas múltiples Iglesias te abordan para convertirte, mantienen todas el mismo discurso y utilizan los mismos textos bíblicos para intentar demostrarte que la que está hablándote es la única y auténtica representante de Cristo. Tales Iglesias aparecieron en el siglo XVIII y se multiplicaron en la segunda mitad del siglo XIX y más aún en el siglo XX. ¿No anunciaba el capítulo XXIV del Evangelio de Mateo esta proliferación de Iglesias o sectas, reivindicando la propiedad del cristianismo, y las guerras entre naciones en los siguientes pasajes?

«Jesús les respondió: Cuidad de que nadie os seduzca. Pues varios vendrán en mi nombre diciendo: yo soy Cristo. Y seducirán a mucha gente. Oiréis hablar de guerras y rumores de guerras: guardaos de que os turben, pues es necesario que estas cosas sucedan. Pero no será el fin todavía. Una nación se levantará contra otra nación, y un reino contra otro reino, y habrá en distintos lugares hambrunas y temblores de tierra. Todo ello será sólo el comienzo de los dolores... Se levantarán varios falsos profetas y seducirán a mucha gente... Mientras quienes están en Judea (Palestina) huyen a las montañas (¿será la guerra del Golfo un signo precursor?)... Pues se levantarán falsos cristos y falsos profetas; harán grandes prodigios y milagros, hasta el punto de seducir si fuera posible, incluso a los elegidos.»

El mensaje de Nostradamus no es distinto del de Mateo. El siglo XX, con la mundialización de la guerra, ilustra perfectamente este texto del evangelista. Desde la creación de la Sociedad de Naciones en 1925, y su renacimiento en la Organización de Naciones (llamadas...) Unidas, los países se enfrentan y los enfrentamientos se multiplican con la multiplicación de los Estados provocada por el estallido de los Imperios inglés, francés, austrohúngaro, otomano y, recientemente, soviético: repúblicas bálticas, yugoslavas y repúblicas ex soviéticas. Por tercera vez en el siglo XX, Europa entra en erupción y corre el riesgo, una vez más, de arrastrar el planeta a una guerra generalizada.

La caída del comunismo en los países del Este había sido perfectamente profetizada por Nostradamus, que da, a este respecto, dos precisiones de tiempo. La primera asigna setenta y tres años y siete meses de vida al comunismo, y la segunda setenta años al Estado soviético. He aquí el párrafo de la *Carta a Enrique, rey de Francia segundo* que se refiere a este primer dato temporal: «Y eso seguirá a extremados cambios de poderes y revoluciones, con temblores de tierra, con pululación de la nueva Babilonia (la URSS, potencia materialista y antisemita), miserable hija cuya abominación será aumentada por el primer holocausto (persecución nazi); y sólo se mantendrá durante setenta y tres años y siete meses». ¿No es sorprendente ver a Nostradamus utilizando, para referirse al genocidio judío, la misma palabra que la historia retendrá cuatro siglos y medio más tarde: *holocausto*?

Nostradamus advierte aquí la participación parcial de la Rusia soviética en la persecución de los judíos. ¡El colmo antisemita consistía en impedirles abandonar el *paraíso comunista* para humillarles mejor! Nostradamus da el calificativo de *nueva Babilonia* a la URSS, a causa, naturalmente, del sistema materialista y militarista, pero también a causa de la persecución de los judíos.

El pueblo judío fue mantenido cautivo en Babilonia durante setenta años, de 605 a 536 antes de Jesucristo. Tal vez debamos ver también en ello un paralelismo entre los tres reyes de Babilonia y los tres Reich, nacidos de la unidad alemana. Este período de setenta años lo atribuye también Nostradamus a la URSS: «Y este triunvirato (la troika) se renovará durante setenta años, y la fama de este partido se extenderá por todo el planeta, y, a su pesar, el sacrificio de la santa e inmaculada hostia será proseguido (Polonia, países bálticos, Hungría, etc.)». El 30 de diciembre de 1922 se creaba la Unión de Repúblicas Socialistas Soviéticas. El 21 de diciembre de 1991 se fundaba en Alma-Ata la comunidad de Estados Independientes (CEI), poniendo fin así a la URSS que había durado, por lo tanto, setenta años menos diez días. Bien podemos permitirle a Nostradamus redondear la cifra por tan poco.

Es interesante ver que Nostradamus señala que, a pesar de la persecución contra los cristianos bajo el yugo comunista, el culto católico seguiría practicándose, como en Polonia o Lituania, por ejemplo. Se conoce hoy el papel esencial que las Iglesias cristianas (católica, ortodoxa, luterana, uniata) desempeñaron en el hundimiento del sistema. Nostradamus, católico, atribuye un papel eminente a su Iglesia, sin duda porque fue en Polonia donde vio iniciarse el comienzo del fin, pero también a causa del papa polaco que la Providencia ha colocado en el trono de San Pedro –por casualidad, para los racionalistas– en el momento preciso de la historia.

Occidente tal vez se haya alegrado con excesiva rapidez del derrumbamiento del bloque comunista, sin ver ni imaginar qué otro peligro puede sustituirle. La nueva académica francesa, brillante historiadora y especialista en Rusia, Hélène Carrère d'Encausse, en su libro *L'Empire éclaté*, aseguraba que las repúblicas islámicas del Imperio se separarían de Rusia, mientras Nostradamus anunciaba la constitución de un bloque ruso-musulmán, denominado hoy Comunidad de Estados Independientes (CEI). He aquí un buen ejemplo del foso que separa al historiador del profeta. En el plano racional, Hélène Carrère d'Encausse tenía toda la razón, pero como afirma Alfred

Sauvy: «La historia del hombre nunca se desarrolla de modo racional»; razón por la cual sólo quien ha vivido la historia y sus acontecimientos antes de que se produzcan puede aportar su visión con acierto y precisión.

Paradójicamente, las armas nucleares que poseen los dos Grandes garantizaban la paz en Europa. Hacían imposible un conflicto de consecuencias tan destructoras que la cosa no habría valido la pena, puesto que la guerra se lleva siempre a cabo para aumentar el poder y apropiarse de las riquezas del vecino. Tucídides, en *La guerra del Peloponeso*, analiza las razones del conflicto entre Esparta y Atenas en el año 431 antes de Jesucristo, siendo Esparta una dictadura y Atenas una democracia. Su conclusión es sorprendente: las dos ciudades rivales se hicieron la guerra no porque fueran distintas sino porque eran parecidas. Explica que plantearse la cuestión de saber si la democracia es el bien y la dictadura el mal es, sin duda, impedirse la comprensión de la guerra. Tucídides comprendió que «Esparta y Atenas estaban obligadas a enfrentarse porque ambas buscaban el poderío». Son las propias palabras de Tucídides. Concluye denunciando el poderío –«el demonio, el corruptor de los hombres»– que provocará guerras durante mucho tiempo aún, «a menos que los hombres aprendan a comportarse mejor».

Forzoso es advertir que, por desgracia, desde Tucídides, los hombres no han progresado en el campo de la sabiduría. Con respecto a este principio, en el siglo xx esta falta de sabiduría de los hombres y su sed de poder ponen en peligro de muerte a gran parte de la humanidad. Los medios de destrucción masiva son mucho más temibles que en los buenos tiempos del arco y la lanza. La constitución de superpotencias y el perfeccionamiento de las armas han producido superguerras que, dos veces ya en un siglo, han arrastrado a la mayor parte del planeta a conflictos generalizados. La visión de Nostradamus está centrada en la historia de Europa con un máximo de detalles para describir el siglo xx, como si los datos sobre los acontecimientos de 1555 a 1900 sólo se incluyeran para demostrar la autenticidad de su visión, una especie de prueba para uso de racionalistas. ¿Cómo negar que, en 1555, Nostradamus hizo imprimir con todas sus letras el nombre de Rousseau, el de Franco, el de Rivera (afrancesándolo en Ribière), el fundador del partido fascista español? ¿Quién se atreverá a afirmar que no encuentra, en las cuartetas, la ciudad de Varennes, donde fue detenido Luis XVI cuando huía con la familia real en 1791? Más sutil es la indicación por Nostradamus de Buffalora,

Lombardía, donde el ejército de Napoleón III derrotó a los austríacos, así como en Magenta, el 4 de junio de 1859. La historia recuerda Magenta y Solferino, y ha olvidado Buffalora.

Los lectores comprenderán entonces por qué han sido necesarios diecisiete años de asiduo trabajo para encontrar en la historia semejantes detalles. Otro ejemplo sorprendente: Nostradamus ve, en 1555, algunas barcas fondeadas en Magnavacca, pequeño puerto pesquero italiano en la costa adriática. Allí desembarcó Garibaldi en 1870, perseguido por la flota austríaca. Sólo si se lee una biografía de Garibaldi puede desentrañarse este enigma, pues es evidente que no se han producido muchos acontecimientos históricos en esta pequeña aldea de pescadores. Tras haber memorizado el texto de Nostradamus –1.142 cuartetas, es decir 4.568 versos decasílabos–, era preciso, pues, «devorar» ingentes cantidades de libros de historia para intentar encontrar los detalles evocados en las cuartetas. Diríase que el autor ha procurado dar tantas precisiones para obligar a su traductor a trabajar, como solía hacerse en su siglo.

En la *Carta a su hijo César*, prefacio de las centurias, Nostradamus indica a su traductor que ha incluido nombres de lugares como puntos de orientación. Poca gente ha tenido en cuenta esta advertencia. Pues bien, estos nombres de lugar constituyen palabras clave, como en las más modernas técnicas de marketing. Por ejemplo, Magnavacca no puede, evidentemente, traducirse por la «gran vaca»... Tomemos otro ejemplo, sin duda significativo, de la cuarteta 11 de la centuria III:

Les armes battre auciel longue saison
L'arbre au milieu de la cité tombé:
Verbine (o Vermine) rongne, glaive en face, tyson,
Lors le monarque d'Hadrie succombé.

Las armas batir el cielo larga estación
El árbol en medio de la ciudad caído:
Verbine (o Gentuza) retira, espada enfrente, tizón,
Cuando el monarca de Hadria sucumbido.

Los tipógrafos del siglo XVI, que imprimieron la obra de Nostradamus, no conocían la palabra Verbine. Algunos la respetaron tal como la había escrito el profeta. Otros eligieron, como es habitual hacerlo, la palabra que se acercaba más a Verbine, es decir Vermine (gentuza, chusma). El resultado es que, al no comprender la palabra clave esencial de la cuarteta, los exégetas atribuyeron el texto a Enrique IV o a Hitler. Recordemos que en el siglo XVI la lengua francesa está todavía estrechamente vinculada a sus orígenes latinos y griegos y que los escritores afrancesaban a su guisa numerosas palabras latinas o griegas. Es lo que hizo aquí Nostradamus con la palabra latina *Verbinum*, que no es otra que la ciudad de Vervins. ¡Una de las más fantasiosas interpretaciones de la palabra es Berlín! Tales fantasías de traducción o interpretación echan, claro, agua a los molinos de los detractores de Nostradamus, que se apoyan en este tipo de errores para apuntalar sus demostraciones y afirmar que a ese texto se le puede hacer decir lo que se quiera.

Podríamos multiplicar por decenas, por centenas incluso, las faltas de este tipo. Pero volvamos a Verbine o Vervins y veamos a qué página de la historia se refiere el texto. He aquí, en principio, la traducción que puede realizarse: se fabricarán durante mucho tiempo armas aéreas. Cuando el árbol (genealógico de la casa de Habsburgo-Lorena) habrá caído en medio de la ciudad (Sarajevo), se retirarán a Vervins (*rogné* en francés antiguo significa «retirado»), mientras un cometa brille y el jefe del Adriático (el papa Pío X) haya sucumbido.

Nostradamus había utilizado ya la expresión *les armes battre au ciel* en la cuarteta 43 de la centuria IV, para anunciar el invento de los primeros cohetes por los ingleses. En efecto, los «rockets» fueron inventados por el ingeniero William Congreve y fueron utilizados por primera vez, contra Bolonia, por la Marina inglesa, en 1806. Aquí Nostradamus ve el invento de una nueva arma aérea: el avión, que hará su aparición en los campos de batalla de la Gran Guerra. La guerra de 1914-1918 se inició con el pretexto del asesinato del heredero de los Habsburgo, el archiduque Francisco Fernando, el 28 de junio de 1914 en Sarajevo. Este asesinato ponía fin a un reinado de esta dinastía que acababa de «caer en medio de la ciudad». La palabra *glaive* se utilizaba en el siglo XVI para designar a los cometas: véase el cometa de 1527 dibujado por Ambroise Paré y representado por una espada. Por lo que a la palabra *face* se refiere, constituye una de las numerosas trampas que salpican el texto de Nostradamus. La palabra *face* viene aquí de la palabra latina *fax, facis*, que significa «antorcha», pero también «astro» y «estela de fuego». La palabra tizón puede tanto referirse al cometa como a los explosivos lanzados desde el cielo. Ahora bien, en agosto de 1914, precisamente cuando estallaba la guerra, los astrónomos del observatorio de Yerkes, en

Wisconsin, Estados Unidos, observaban el cometa Delavan. Establecido ya el cuadro de los acontecimientos, el 7 de agosto los ejércitos alemanes toman Lieja y atraviesan Bélgica. El Estado Mayor francés, que no creía en la invasión, se ve sorprendido y, el 29 de agosto, el ejército Lanrezac detiene el avance alemán en la línea Guisa-*Vervins* y salva al V Ejército de verse rodeado, aunque no impide que comience la retirada.

Diecisiete días después de la declaración de guerra de Alemania a Francia (el 3 de agosto de 1914) muere el papa Pío X, precisamente cuando los ejércitos alemanes llegan a la línea Guisa-*Vervins*. Pero entonces, ¿por qué Nostradamus llama al papa Pío X el *monarca de Hadria*? Monarca porque el papa reina en solitario sobre la Iglesia. Por otra parte, Giuseppe Sarto había nacido en Riese, pequeña ciudad del Véneto, provincia que bordea el Adriático. León XIII le había nombrado, en 1893, patriarca de Venecia. Una vez desentrañada la cuarteta, es casi imposible encontrar en la historia acontecimientos que se adapten tan bien al texto. Así pues, procediendo por eliminación y avanzando paso a paso se llega a desentrañar el ovillo de las cuartetas. Eso demuestra que los textos sólo pueden tener un significado, ¡aunque muy difícil de descubrir! Una de las características constantes del texto es la concisión que Nostradamus obtiene *cepillando* su escrito, como él mismo dice en su prefacio. Así, con pocas palabras y algunas precisiones de cifras o de lugar, puede redactar varias páginas de historia, con una técnica que parece casi un prodigio.

Otra dificultad importante es la imposibilidad de clasificar cronológicamente las cuartetas. En efecto, Nostradamus puede reunir en la misma cuarteta dos acontecimientos separados por varios años o incluso varias decenas de años. Ve el desarrollo de los acontecimientos y no un calendario, como los manuales escolares. Así, en la cuarteta de la caída del sha de Irán, anteriormente citada, Nostradamus nos dice que a partir de ese momento la revolución y la guerra no cesarán en Irán. La revolución iraní comenzó en agosto de 1978 y el poder revolucionario de los mollahs sigue ejerciéndose. Por lo que se refiere a la guerra con Irak, comenzó el 22 de septiembre de 1980 con la entrada de las fuerzas armadas iraquíes en territorio iraní. Ciertamente, la guerra entre ambas naciones ha finalizado, pero la revolución islámica continúa no sólo en Irán, considerado el promotor y financiero de todos los movimientos integristas, sino también en la mayoría de los países musulmanes. Tampoco aquí es fácil elegir la secuenca de la historia donde debe situarse el texto. Nostradamus nos proyecta, como imágenes en un muro, el encadenamiento y encabestramiento de los acontecimientos, algo desacostumbrado en la historia, que puede sorprender y desorientar al lector. De ese modo, cuando anuncia el final del Antiguo Régimen formula un juicio de valor que sólo es comprensible a través de este filtro. En efecto, escribe en la *Carta a Enrique, rey de Francia segundo*: «Y durará ésta (la monarquía) hasta el año mil setecientos noventa y dos (1792), que se creará ser una renovación de los siglos». A primera vista, esta frase puede parecer extraña. Se vuelve límpida si imaginamos a Nostradamus ante su muro de imágenes. Ve al mismo tiempo, por un lado, los trece siglos de continuidad monárquica (desde la consagración de Clodoveo en Reims, en 496, hasta la proclamación de la Primera República, el 22 de septiembre de 1792, que señala el año I de la República) y, por el otro, cinco repúblicas de las que ninguna llegará al siglo. Hagamos balance:

- Primera República: del 22 de septiembre de 1792 al 18 de brumario de 1799: 7 años.
- Segunda República: del 4 de mayo de 1848 al 2 de diciembre de 1851: 3 años y 7 meses.
- Tercera República: del 4 de septiembre de 1870 al 10 de julio de 1940: 69 años y 10 meses.
- Cuarta República: del 21 de octubre de 1945 al 28 de septiembre de 1958: 13 años.
- Quinta República: del 28 de septiembre de 1958 a 1999-2000: 42-43 años.

De ahí la expresión de Nostradamus: «que se creará ser una renovación de los siglos», pero –se sobrentiende– no lo será. Es evidente que, para obtener este análisis de la frase de Nostradamus es preciso dejar a un lado cualquier convicción política o religiosa y aceptar el peso, a menudo brutal y molesto, de los acontecimientos. Antes de 1792, un monárquico comprometido no habría podido admitir el final de *su* régimen y, hoy, el carácter efímero de las repúblicas no puede satisfacer a un republicano convencido. Tales cambios de la historia son muy corrientes y explican lo que de ellos dice Nostradamus en su *Prefacio a su hijo César*: «Pero he querido callarme y abandonar mi obra a causa de la injusticia, no sólo de los tiempos actuales (la Inquisición) sino también de la mayor parte de los tiempos futuros; no he querido ponerlo por escrito porque los gobiernos, las sectas y los países sufrirán cambios tan opuestos, incluso diametralmente opuestos a los del presente, que si yo intentara contar lo que será el porvenir, los hombres de gobierno, de partidos y de religión y convicciones, lo hallarían tan poco acorde a sus fantasiosos oídos, que serían llevados a condenar lo que podrá verse y reconocerse en los siglos por venir (el siglo XX)».

Cuando Nostradamus escribía esto, sabía que su mensaje tardaría varios siglos en obtener notoriedad planetaria. Pero sabía también que –la inquisición no tiene edad– sus escritos serían atacados y vilipendiados y no dejarían de serlo, pues de lo contrario Nostradamus podría ser clasificado entre los falsos profetas. Lucas, en el capítulo VI, versículo 26, escribe: «¡Ay cuando todos los hombres hablen bien de vosotros, pues así actuaban sus padres con los falsos profetas!». Nostradamus añade más adelante, en su *Prefacio*: «Y las causas serán universalmente comprendidas por toda la tierra». Los detractores más encarnizados no podrán negar que esta profecía, al menos, se ha realizado ya, puesto que Nostradamus es ahora célebre en todo el planeta, y especialmente en Japón, donde tiene un éxito sin igual. Eso es de gran importancia, como veremos más adelante, para la continuación de los acontecimientos.

Siendo irrealizable la clasificación cronológica de los acontecimientos, decidí proceder por temas. En efecto, desde la edición de mi primer libro, hace once años, ayudado por las observaciones de mis lectores, advertí que era difícil orientarse.

Así pues, debo hacer aquí una importante puntualización con respecto a la visita pastoral del papa Juan Pablo II a Lyon, del 4 al 7 de octubre de 1986. Todo el mundo recuerda todavía que Lyon fue colocada en estado de sitio: diez mil hombres movilizados, el cielo recorrido por los helicópteros, la Defense et Sécurité du Territoire en pie de guerra y, sobre todo, el prefecto de policía de la ciudad lanzando por las ondas su célebre: «¡A mí, Nostradamus me importa un bledo!». Aquella movilización general resultaba un curioso modo de no tener en cuenta la profecía. Salvo por algunos raros periodistas, los medios de comunicación magnificaban la célebre profecía de Nostradamus, que había sido el punto de partida del éxito de *Nostradamus, historiador y profeta*, tras la llegada de la rosa al poder:

II, 97

Romain Pontife garde de t'approcher
De la cité que deux fleuves arrosent:

30

Au près de là ton sang viendra cracher,
Toi et les tiens quand fleurira la rose.

Romano Pontífice guárdate de acercarte
A la ciudad que dos ríos riegan:
Tu sangre vendrá a escupir cerca de allí,
Tú y los tuyos cuando florecerá la rosa.

Esta cuarteta, que produjo el éxito de *Nostradamus, historiador
y profeta*, no se aplica al atentado del turco Ali Agça contra Juan
Pablo II, el 13 de mayo de 1981, en la plaza de San Pedro. Este último acontecimiento era, sin duda, un signo precursor de lo que
debe producirse más tarde, siendo probablemente la primera visita
del papa a Lyon el segundo signo; recordemos aquí que, por un curioso azar, el 13 de mayo es la fecha de la primera aparición de Fá-
tima en 1917. El atentado del 13 de mayo de 1981 se produjo en
Roma, ciudad en la que sólo hay un río, el Tíber. Primer indicio
que hace rechazar la hipótesis del acontecimiento del 13 de mayo
de 1981. Otro indicio: Nostradamus dice «tú y los tuyos», pero
sólo el papa fue alcanzado. Comuniqué estas precisiones a varios
medios de comunicación, tras el atentado. Recordemos aquí que,
en el número de *Paris-Match* del 17 de julio de 1981, que tanto
ruido hizo, se hacían las siguientes precisiones: «Durante esta invasión musulmana que afectará a Alemania occidental, Francia,
España, Italia, Inglaterra, Suiza, toda Europa occidental, el papa
abandonará Roma e irá a Francia. Remontará el valle del Ródano.
Luego llegará cerca de Lyon, donde será asesinado un 13 de diciembre (día de santa Lucía y fecha de la última aparición de Fáti-
ma)». Nunca he cambiado de posición sobre esta cuarteta ni sobre
su complemento:

IX, 68

Du mont Aymar sera noble obscurci,
Le mal viendra au joinct de Saone et Rosne:
Dans bois cachés soldats jour de Lucie,
Qui ne fut onc un si horrible Throsne.

Del monte Aymar será noble oscurecido,
El mal vendrá en la unión de Saona y Ródano:

En bosque ocultos soldados el día de Lucía,
Que nunca fue tan horrible trono.

Nostradamus redujo Montélimar por el procedimiento de la síncopa, lo que le permite ganar un pie en su verso decasílabo. La precisión de la confluencia del Ródano y el Saona es indiscutible. Será, pues, asesinado por soldados que estarán ocultos en el bosque y nada tan horrible se habrá hecho al trono (de San Pedro). Nostradamus da el calificativo de noble al pontífice a causa de las armas que eligen todos los papas tras su nombramiento. En septiembre de 1986, sabiendo que el papa no estaría en Lyon el 13 de diciembre, yo sabía ya que no corría riesgo alguno y lo había dicho en julio de aquel mismo año a Isaur de Saint-Pierre, que publicó mis palabras en el número 2 de la revista *N comme Nouvelle* del 17 de septiembre de 1986: «Dada la precisión a la que me ha acostumbrado Nostradamus, nada trágico debe pasarle al Santo Padre, porque no estará en Lyon en las dos fechas que corresponde a las fiestas de las dos santas Lucía (19 de septiembre y 13 de diciembre)». El domingo 23 de septiembre de 1986 le dije las mismas palabras a Patrick Poivre d'Arvor que me había invitado a su emisión «À la folie, pas du tout». En vez de detener ese escándalo mediático sobre un acontecimiento que no iba a producirse, nadie me escuchó. En Lyon se mantuvo el pánico sin que yo pudiera evitarlo; fui incluso acusado de cambiar de camisa, aunque no hubiera cambiado ni una coma de lo escrito seis años antes y declarado con cinco años de antelación en *Paris-Match*, como si el anuncio de la no realización de la catástrofe decepcionara a los medios de comunicación, privados así de exclusivas y sensacionalismos. Queda, sin embargo, una duda sobre el papa que debe ser víctima de ese futuro acontecimiento. En efecto, varias cuartetas atribuidas a Juan Pablo II podrían referirse a su sucesor si, como se supone en *La profecía de los papas* (Ediciones Martínez Roca, 1985), el sucesor de Juan Pablo II fuera monseñor Lustiger, arzobispo de París que, como el actual Santo Padre, es de origen polaco.

Ocho cuartetas inéditas referentes al pasado se publican aquí, con la misma presentación que en *Nostradamus, historiador y profeta*. Adviértase la notable concordancia entre las palabras utilizadas por Nostradamus y las que se encuentran en la historia. Se hacen constar, a este efecto, en cursiva.

X, 61

Betta, Vienne, Emorre, Sacarbance,
Voudront livrer aux Barbares Pannone:
Par picque & feu, énorme violance,
Les conjurez descouverts par matrone.

Betta, Viena, Emorra, Sacarbancio,
Querrán librar a los Bárbaros Panonia:
Por picas y fuego, enorme violencia,
Los conjurados descubiertos por matrona.

Betta consta en vez de *bessa* (Βεσσα) que en griego significa «valle», Emorra es una palabra formada por anagrama que es igual a «e(t [es decir: y]) Mor(e)a» (el Peloponeso). Sacarbancio es un anagrama complicado por una síncopa: Cara(d) B(i) zancio que designa aquí a Kara Mustafá. Librar es una trampa; se trata, en efecto, de «liberar (délivrer)», que Nostradamus redujo por aféresis. Panonia es el antiguo nombre de Hungría. Y otra trampa, matrona es un afrancesamiento de la palabra griega *matrôs* (ματροσ) que significa «tío». Esta cuarteta representa un notable condensado de lo que Nostradamus es capaz de hacer con algunas palabras. Podemos traducirla del modo siguiente: en el valle, en Viena y en Morea, a causa de Kara (Mustafá) de Bizancio, se querrá liberar Hungría de los musulmanes. Por las armas y el fuego, se hará enorme violencia; después, los conjurados serán descubiertos por el tío.

Para ilustrar esta cuarteta, he aquí unos extractos de la *Historia del Imperio otomano* de Stanford Shaw: «Kara Mustafá había aceptado firmar con Rusia una paz que no le era favorable a causa, en gran parte, de nuevas dificultades en *Hungría* que le impulsaban a una guerra contra los Habsburgo... El avance de los austríacos en *Hungría*, el territorio que simbolizaba la penetración de los austríacos en Europa, afectó la moral de los otomanos y desmanteló su organización... La marcha otomana sobre Viena se inició a finales de junio de 1683, pero los otomanos tuvieron que retirarse en septiembre. Se habían apoderado de un botín *enorme* entregándose a una serie de *razzias* por el resto de Austria... Cuando los soldados procedentes de la región del Danubio llegaron a las afueras de Istambul, se les reunió la masa de los notables (conjurados) y del Ulema, que habían sido reunidos en la mezquita de Santa Sofía por Köprülü Pachá. Fue fácil promulgar una *fatwa* que desposeía al sultán Mehmet IV so pretexto de que no cumplía ya sus deberes (Köprülü Pachá era *el tío* del futuro gran visir Köprülü Mehmet)». Théophile Lavallée, en su *Histoire de l'Empire ottoman* (Garnier, París, 1855) da otros detalles: «Kara Mustafá hablaba de repetir las conquistas de Solimán: había reunido, se decía, 700.000 hombres, 100.000 caballos, 1.200 cañones. Todo ello se redujo a 150.000 *bárbaros*... El ejército de Sobieski llegó a Klosterneuburgo, por Koenigstetten, San Andrés, el *valle* de Hagen y de Kirling, donde tuvo lugar su unión con los austríacos y los sajones... Venecia causó problemas a los otomanos, pues atacaba Bosnia, Dalmacia, Grecia, *Morea*..».

GUERRA ENTRE EL IMPERIO OTOMANO Y RUSIA. TRATADO DE CARLOWITZ, 1699

I, 49

Beaucoup avant telles menées,
Ceux d'Orient par la vertu lunaire:
L'An mil sept cens feront grands emmenées,
Subiugant presque le coing Aquilonaire.

Mucho antes tales manejos,
Los de Oriente por la virtud lunar:
El año mil setecientos harán grandes acciones,
Subyugando casi el rincón Aquilonar.

Mucho antes de tales ataques (*menées*, en francés antiguo), los musulmanes (lunar: la media luna) de Asia (el Imperio otomano) harán grandes expediciones en los aledaños del 1700, y subyugarán casi un rincón de Rusia (el Aquilón designa, en Nostradamus, el Imperio del Norte: Rusia, que ocupa la mayor parte del Hemisferio norte).

Tras el fracaso del Imperio otomano ante Viena (*telles menées*) en 1683, Rusia comienza una guerra de reconquista. El Tratado de Carlowitz en 1699, así como los siguientes tratados del Prut, 1711, de Passarowitz, 1718, de Belgrado, 1739, de Kuçuk Kaynarça, 1774, y de Hassy, hacen perder al Imperio otomano la costa norte del mar Negro, de Besarabia al Cáucaso, y Crimea (*le coing Aquilonaire*). También aquí vemos que Nostradamus da una fecha bisagra en mitad de una importante secuencia histórica.

LA GUERRA ANTES DE LA CAÍDA DE LA MONARQUÍA.
EL TERROR.
NAPOLEÓN: EL SOCORRO LLEGADO DE ALEJANDRÍA.
LA ISLA DE ELBA Y LA ISLA DE SANTA ELENA

I, 37

Un peu devant que le Soleil s'absconse,
Conflict donné, grand peuple dubiteux:
Profligez, port marin ne fait response,
Pont et sépulchre en deux estranges lieux.

Un poco antes que el Sol se absconda,
Conflicto dado, gran pueblo dubitativo:
Profligar, puerto marino no da respuesta,
Puente y sepulcro en dos extraños lugares.

La guerra se iniciará antes de que la monarquía (cf. Luis XIV, el Rey Sol) desaparezca (del latín *abscondere*, «desaparecer»). El gran pueblo francés estará en la duda y la ruina (*profligare*, «aniquilar, arruinar»). La respuesta no (utilizado en sentido afirmativo) vendrá más que de un puerto (Alejandría), luego (Napoleón) encontrará su fin y su tumba en dos lugares marinos (ποντοσ –pontos– en griego: «el mar»; encontraremos esta palabra en varias cuartetas) y extranjeros (las islas de Elba y de Santa Elena).

Tenemos aquí un buen ejemplo del «paseo» de Nostradamus por el tiempo y el espacio. Confrontemos esta cuarteta con la historia:

- Día 20 de abril de 1792: *declaración de guerra* al emperador de Austria Francisco II; comienzo de las hostilidades cerca de Lille el 28 de abril.
- Día 21 de septiembre de 1792: la Convención declara *abolida la monarquía* y proclama la República.

«El Terror, *régimen odioso* que abrumó Francia desde el 31 de mayo de 1793 hasta el 9 termidor (27 de julio de 1794), día de la caída de Robespierre. Esta *época funesta* –durante la que dominaban, en nombre de la Montaña, Robespierre y el Comité de Salvación Pública– se vio marcada por el establecimiento del gobierno revolucionario (19 de Vendimiario, año II). *Francia se vio cubierta de cadalsos*» (*Dictionnaire d'histoire* de Bouillet).

«Bonaparte tomó la resolución de abandonar Egipto y jugárselo todo para poner el pie en Francia. Ordenó a Gantheaume que mantuviera dispuestas dos fragatas que estaban en el *puerto de Alejandría*... Embarcó furtivamente en Damieta, el 6 de fructidor (23 de agosto de 1799), y llegó a Frécus el 15 de vendimiario del año VIII. El 24 estaba en París. Cuando Bonaparte desembarcó en las costas de Provenza, la *República se había salvado*; pero *había perdido efectivamente* el rango que ocupaba tras el tratado de Campo Formio... La noticia de su desembarco produjo en todas partes extraordinario entusiasmo. Los franceses no ignoraban que reinaba la desunión en el Directorio y en los consejos; se temía (*dubiteux*) por la Constitución y se creía que el poderoso brazo de Bonaparte era el único que podía contenerla y consolidarla». (*Histoire de France* de Anquetil.)

- El 20 de abril de 1814: salida de Napoleón de Fontainebleau hacia la *isla de Elba*.
- El 13 de septiembre de 1815: llegada de Napoleón a *Santa Elena*.
- El 5 de mayo de 1821: muerte (*sépulchre*) de Napoleón en Santa Elena.

EL SITIO DE ZARAGOZA.
DEL 20 DE DICIEMBRE DE 1808 AL 21 DE FEBRERO DE 1809

I, 33

Près d'un grand pont de plaine spatieuse,
Le grand Lyon par forces Césarées,
Fera abattre hors cité rigoureuse,
Par effroy portes lui seront resserrées.

Cerca de un gran puente de llano espacioso,
El gran León por fuerzas Cesareas,
Hará derribar fuera ciudad rigurosa,
Por espanto puertas le serán reseradas.

Cerca de un gran puente, en una espaciosa llanura, el gran León (británico) se hará vencer a causa de la derrota de las fuerzas de Zaragoza y saldrá de la feroz ciudad por las puertas abiertas (*resserare*, «abrir») en pleno espanto.

La palabra clave de esta cuarteta es Cesarea. En efecto, Zaragoza se llamó Salduba, luego *Caesarea* Augusta. El *Dictionnaire d'histoire* de Bouillet precisa «hermoso puente».

«Los aragoneses, orgullosos (*farouches*) de la resistencia que habían opuesto el año anterior y habiendo descubierto el valor de sus murallas, estaban dispuestos a vengarse, por la defensa de su capital, de todos sus fracasos en campo abierto (*plaine spatieuse*). Después de Tudela, se habían retirado en número de veinticinco mil a la ciudad, y habían llevado con ellos de veinte a veinticinco mil campesinos a la vez fanáticos y redomados contrabandistas, buenos tiradores, capaces de matar desde lo alto de un techo o desde una ventana a uno de esos soldados ante quienes huían en el *llano*... Se advirtió que los sitiados minaban por su lado. Se cargó entonces la mina con tres mil libras de pólvora y, con la intención de producir al mismo tiempo una mayor carnicería, se fingió un ataque abierto para atraer al mayor número de enemigos. Centenares de españoles ocuparon de inmediato todos los pisos. Entonces, el mayor de ingenieros Bleuille dio la orden de encender la mina, y una espantosa explosión, que resonó en toda la ciudad, se dejó oír, y una compañía completa del regimiento de Valencia saltó por los aires, con los restos del convento de San Francisco. Todos los corazones se estremecieron de horror (*effroy*)... Era el 18 de febrero; hacía cincuenta días que atacábamos Zaragoza (*Cesarea*), y habíamos pasado veintinueve penetrando en los muros. Aquel mismo día, en la ciudad, saltaría la Universidad y, en los arrabales, nos apoderaríamos del convento contiguo al *puente* del Ebro... En todo caso se introdujeron tantas tropas como fue posible y, desde el convento, se corrió hacia el *puente*... Esta operación brillante y decisiva, dirigida por el propio Lannes, nos costó sólo diez muertos y cien heridos... Al día siguiente, día 20, la junta se dirigió al campo y aceptó la rendición de la plaza. Se convino que toda la guarnición que quedaba *saliera por la puerta principal*, la de Portillo, depusiera las armas y fuera considerada prisionera de guerra... Éste fue el final de la segunda campaña de España, iniciada en Burgos, Espinosa, Tudela, concluida en Zaragoza (*Cesarea*), y marcada por la presencia de Napoleón en la península, por la precipitada *retirada* de los ingleses (*Le grand Lyon*) y por una nueva sumisión aparente de los españoles al rey José» (*Histoire de l'Empire*, Adolphe Thiers).

Las derrotas en Italia.
Batalla de Toulouse, 1814

II, 33

Par le tourrant qui descende de Veronne,
Par lors qu'au Pau guidera son entrée:
Un grand naufrage, et non moins en Garonne,
Quand ceux de Genes marcheront leur contrées.

Por el torrente que desciende de Verona,
Por entonces que en Pau guiará su entrada:
Un gran naufragio, y no menos en Garona,
Cuando los de Génova marcharán sus parajes.

Por el torrente (el Adigio) que desciende de Verona, cuando (el ejército austríaco) será conducido hasta el Po (*Padus* en latín), habrá una gran derrota, no menos importante que a orillas del Garona (Toulouse), cuando quienes hayan llegado a Génova hollen (francés antiguo, *marchier*: «hollar») el suelo de su país. Advirtamos aquí que para codificar la palabra Po y ganar un pie en el verso, Nostradamus utiliza dos figuras gramaticales: la síncopa quitando la letra «d» en medio de la palabra *Padus* y el apócope suprimiendo la letra «s» al final de la palabra. Por otra parte, pone dos «n» en Verona (*Veronne*) para que rime con Garona (*Garonne*).

«Murat creyó aún que era su deber y su interés apoyar los últimos esfuerzos del Emperador, en 1813, y al finalizar el año compartió los peligros de la campaña de Alemania y la batalla de Leipzig. Esta última derrota y la invasión del territorio francés durante los primeros meses del año 1814 separaban por completo la causa de Italia de la de Francia... Los dos reyes (Eugenio y el rey de Nápoles), por fin, no se pusieron de acuerdo. Eugenio no podía perdonar a Murat que hubiera abandonado al Emperador demasiado pronto; Murat pensaba en convertirse en rey de toda Italia, en vez de limitar sus deseos a conservar Nápoles. Ambos querían salvarse a expensas del otro. En el momento de la acción, estas divisiones lo paralizaron todo. Mientras el virrey Eugenio se concentró en *Verona* para defender el *Adigio* contra el ejército austríaco dirigido por Bellegarde, Murat lanzó un manifiesto contra él, intentando aún vencerle bajo mano; ocupó luego Roma, Ancona y Bolonia, dificultando así todas las operaciones de aquel a quien hubiera debido ayudar... Eugenio intentó conquistar los corazones y las voluntades con un poco de energía y algunos combates afortunados en el Mincio. Murat los hizo inútiles dando la mano a Bellegarde por Bolonia, y lo perdió todo. Bentinck, con el que había contado, había desembarcado ya, con siete mil sicilianos e ingleses, en Toscana y, a pesar de sus representaciones, declaró que la provincia quedaba sustraída a la Administración francesa, se apoderó de *Génova* y *ocupó* así, entre los dos reyes franceses, *todos los puntos importantes de la península (marcheront leur contrée)*... El general austríaco Bellegarde, con el consentimiento incluso de Eugenio, que veía que todo había terminado para él, puso pie en territorio milanés y *entró* sin resistencia en la capital del reino de Italia con el pretexto de mantener el orden; dos meses después, el 12 de junio, el Tratado de París devolvió Italia, hasta el *Po* y el Tesino, a la monarquía austríaca» (*Histoire de l'Italie*, Jules Zeller).

El 10 de abril de 1814, Wellington vence a Soult en una nueva batalla que le abre las puertas de *Toulouse* (en Garona).

LA CAMPAÑA DE FRANCIA.
LA CAÍDA DE NAPOLÉON I

I, 22

Ce qui vivra et n'ayant aucun sens,
Viendra léser à mort son artifice:
Autun, Châlons, Langres et les deux Sens,
La gresle et glace feront grand maléfice.

El que vivirá y no teniendo ningún sentido,
Vendrá perjudicar a muerte su artificio:
Autun, Châlons, Langres y los dos Sens,
El granizo y hielo harán gran maleficio.

El que habrá vivido sin sentido común herirá de muerte su talento (otro sentido de *artifice*) después de Autun, Châlons, Langres y los dos Sens (Sens y París): «Sens fue durante mucho tiempo la metrópoli de París: su arzobispo adoptaba el título de Primado de las Galias» (*Dictionnaire d'histoire* de Bouillet). El granizo y el hielo serán muy maléficos.

«Para la campaña que se inicia, el general Duhesme manda la Joven Guardia, el número de cuyas divisiones el Emperador espera ver aumentar. El general Guye se ha reunido con el Emperador en *Autun*» (*Napoléon et la Garde Impériale*, Henri Lachouque).

«El zar Alejandro se inclinaba ya a no tratar sino en el propio *París*. Al mismo tiempo, los distintos ejércitos tendían a aproximarse. Mientras el ejército del príncipe de Schwartzenberg se había desplegado en torno a *Langres*, Blücher, tras haber abandonado Nancy, había atravesado Saint-Dizier, había dejado allí el destacamento ruso de Lanskoi para hacer creer que se dirigía a *Châlons* siguiendo el Marne... Hacia el lado opuesto, es decir, hacia el Marne, Napoleón renovó la orden al mariscal Macdonald de dirigirse a Châlons con todo lo que había traído de las provincias renanas. Al mismo tiempo consagró nuevos efectivos a la defensa del Sena y del Yonne, y reiteró la orden de enviar a Pajol, además de la pequeña reserva de Burdeos que llegaba por Orleans, toda la caballería disponible en Versalles. Pajol, con aquellos medios, debía conservar Montereau, *Sens*, Joigny y Auxerre» (Adolphe Thiers, *Histoire de l'Empire*).

«Cuando el grueso de los Aliados se acerca, Marmont, a quien se ha unido Mortier, decide batirse en retirada. Como no pueden reunirse con el Emperador, al menos cubrirán *París*... Pero los refuerzos aliados llegan sin cesar. A esta verdadera "marea humana" dispuesta a devorarles se añade *una violenta granizada*, el *granizo* golpea de lleno el rostro de los franceses... Al salir de Reims, el plan del Emperador era dirigirse hacia el Este para captar las guarniciones de las plazas fuertes, atrayendo a ellas la guerra. Tras las duras jornadas de Arcis, decide lanzarse con todas sus fuerzas contra las comunicaciones de los Aliados y ordena a Marmont y a Mortier, así como a los refuerzos procedentes de *París*, que se reúnan con él en Saint-Dizier. Esta osada combinación, muy digna del genio (*artifice*) napoleónico, estuvo a punto de tener éxito» (*Napoléon et l'Empire*, Hachette, 1968).

EL REGRESO DE LAS CENIZAS DE NAPOLEÓN, 1840.
LA TUMBA DE LOS INVÁLIDOS.
2 DE DICIEMBRE DE 1861

I, 43

Avant qu'advienne le changement d'Empire,
Il adviendra un cas bien merveilleux:
Le champ mué, le pilier de porphire,
Mais transmué sur le rocher noilleux.

Antes de que advenga el cambio de Imperio,
Advendrá un caso muy maravilloso:
El campo cambiado, el pilar de pórfiro,
Pero transmutado en la roca noillosa.

Antes de que el Imperio (el Segundo) sea remplazado (por la Tercera República), se producirá un acontecimiento maravilloso: el que había sido transferido en tanto tiempo (aunque en francés antiguo) sobre una roca «negra» (*noilleux*, del latín *nigellum*, «negro») será cambiado de paraje y puesto sobre un pilar de pórfiro.

«En 1840, el monumento de Mansard recibió las cenizas de Napoleón I, depositadas en la capilla de San Jerónimo de la iglesia de los Inválidos, a la espera de que se erigiera una sepultura especial. La obra fue puesta a concurso y el jurado eligió el proyecto de Visconti, que consistía en excavar por debajo de la cúpula una cripta circular del mismo radio y ocho metros de profundidad, destinada a recibir un alto cenotafio de mármol. El gran sarcófago de *pórfiro*, tallado en un solo bloque, reposa sobre un embaldosado en forma de estrellas, a cuyo alrededor están inscritas las grandes victorias del Emperador. La inauguración tuvo lugar el 2 de diciembre de 1861» (*Dictionnaire Larousse*).

«Santa Elena: isla del océano Atlántico; la mitad de la población se compone de *negros. Rocas* escarpadas e inabordables» (*Dictionnaire d'historie*, de Bouillet).

«Napoleón I regresó a París en 1840, por voluntad de Luis Felipe y de Thiers, que intentaban hacer olvidar las caricaturas de la época ofreciendo a Francia un grabado de Épinal en marcha. Un millón de franceses gritaron: "¡Viva el Emperador!", mientras el gigantesco ataúd se dirigía hacia la solemne cúpula de los Inválidos, seguido por un Bertrand canoso, un Gourgaud blanqueado y un Marchand llorando (un caso muy maravilloso)» (*Napoléon et l'Empire*, Hachette, 1968.)

EL SIGLO XX DE LA IZQUIERDA.
IGUALDAD DE PALABRA

II, 10

Avant longtemps le tout sera rangé,
Nous espérons un siècle bien senestre:

L'Estat des masques et des seuls bien changé
Peu trouveront qu'à son rang veuille estre.

Antes de mucho tiempo todo será ordenado,
Esperamos un siglo muy siniestro:
El estado de las máscaras y de los siglos muy cambiado
Pocos pensarán que en su rango quieran estar.

Antes de que transcurra mucho tiempo todo será sometido a nuevas leyes (*ranger*: someter con coacción; colocar un país bajo su poder, bajo sus leyes). Se espera un siglo muy a la izquierda (latín: *senester*, «izquierda»): el aspecto de la gente y de los siglos (francés antiguo: *seule*, forma de «siglo») estará muy cambiado. Poca gente pensará que sea todavía posible hablar de acuerdo con el rango (hablar en su rango, tomar la palabra de acuerdo con el rango que se ocupa).

«El trabajo legislativo bajo la presidencia de Jules Grévy, de 1879 a 1886, fue considerable, sin duda el más importante realizado en Francia desde el Consulado, y Francia le debe muchos de sus rasgos (*máscaras*) actuales. A comienzos de 1882, los jefes republicanos asfixiaron el ministerio del auténtico fundador del régimen, Gambetta: ¡había permanecido 77 días en el poder! Poco después, Jules Ferry se permitió sugerir que *"el peligro se halla en la izquierda"*... En la derecha comenzaban a notar que "el Espíritu del Mal es el que dice siempre no" y se preocupaban por *"cambiar de método y de espíritu"* (Albert Jourcin, *Prologue à notre siècle*, Librairie Larousse, 1968).

Podemos preguntarnos si Nostradamus no dio a la palabra *senestre* el doble significado de izquierda y peligro.

INUNDACIONES EN NÎMES.
OCTUBRE DE 1988

x, 6

Gardon Nemans si hault déborderont,
Qu'on cuidra Deucalion renaistre
Dans le Colosse, la plupart fuiront,
Vesta sépulchre feu estaint aparaistre.

Gardon Nîmes tan alto desbordarán,
Que se creerá Deucalion renacer

En el Coloso, la mayoría huirá,
Vesta sepulcro fuego extinguido aparecer.

Un torrente (Gardon: torrente que desciende de las Cevenas) desbordará tan arriba en Nimes que se creerá que el diluvio ha vuelto a las arenas (*Coloso* produjo «Coliseo»). La gente huirá, otros morirán en la oscuridad (*fuego extinguido:* corte de corriente).

Varias ediciones del siglo XVII mencionan Nyme en vez de Nemans. Al parecer, los tipógrafos del siglo XVI convirtieron la *u* de Nemaus en *n* (en efecto, Nimes en latín se dice *Nemausus*).

En la mitología griega, Deucalion, hijo de Prometeo, cansado de su silvestre estancia en Escitia, donde su padre le había relegado, aprovechó la primera ocasión y fue a reinar a Tesalia, junto al Parnaso. Durante su reinado se produjo el famoso diluvio. Júpiter, viendo aumentar la maldad de los hombres, decidió sumergir todo el género humano, salvo una sola montaña de Fócida donde se detuvo la pequeña barca en la que iba Deucalion, el más justo de los hombres. Encontramos aquí al personaje bíblico de Noé. Por lo que se refiere a Vesta, era la diosa del fuego, que los griegos denominaban *Hestia*, palabra que significa hogar doméstico. Su culto consistía principalmente en mantener el fuego que le estaba consagrado y cuidar de que no se apagara.

Cuando se produjo la catástrofe, *Paris-Match* ponía este pie a una fotografía de las arenas inundadas: «*Las arenas*, lugar de fiestas del hombre y el toro, se transformaron de pronto en teatro trágico. Y esas piedras dos veces milenarias sufrieron el ultraje de las catástrofes naturales. Tras *el diluvio*, se levantaban como un gran carguero en la ciudad sumergida».

La catástrofe produjo once muertos y la ciudad se vio privada de electricidad.

1

La profecía,
¿«viaje» por el bloque espacio-tiempo?

Dudar de todo o creerlo todo, son dos soluciones igualmente cómodas que, ambas, nos dispensan de reflexionar.

HENRI POINCARÉ,
La Science et l'Hypothèse

Cuando se trata con un racionalista el tema de la profecía, éste afirma con la mayor seguridad que es imposible «pre-ver» el porvenir. Si se le pide que demuestre racional y científicamente el aserto, no tiene ningún argumento sólido para apoyar su tesis. Un mínimo de modestia debería obligarnos a reconocer que no sabemos casi nada del funcionamiento del cerebro del hombre, que sigue siendo, para la comunidad médica, el mayor enigma. El hombre está dotado de talentos múltiples y, a veces, casi únicos, es decir, ostentados por un solo hombre o por muy escasos individuos. Existió un solo Rembrandt, un solo Leonardo da Vinci, un solo Einstein. Los dos últimos tuvieron una especie de «pre-ciencia». Leonardo da Vinci imaginó el helicóptero, el submarino, etc. Cuando Einstein enunció su teoría de la relatividad general, no había ni el menor indicio de prueba científica para apoyarla y, sin embargo, hoy, los progresos de la herramienta científica han permitido demostrar que esta teoría era una base indispensable en la astrofísica y otros muchos campos de la investigación fundamental. Cuando en 1913 Paul Langevin formuló su *paradoja de los gemelos*, no podía sospechar que sería necesario esperar las experien-

45

cias americanas de 1971 para demostrar que lo que por aquel entonces era sólo una hipótesis iba a convertirse en una ley física. La comprobación de la paradoja se llevó a cabo con relojes atómicos de cesio. Los relojes que se desplazaban en aviones Boeing se atrasaban o se adelantaban, según su movimiento fuera hacia el este o hacia el oeste, con respecto al reloj de referencia que permanecía en el suelo. Lo cual significa que, a la velocidad de la luz, el gemelo que sufriera una aceleración habría sobrevivido a su hermano, que moriría mucho tiempo antes. ¿Tan gran diferencia hay entre esos visionarios de la ciencia y el visionario de la historia, al que denominamos profeta? Responder afirmativamente parecería muy presuntuoso.

En el terreno del espacio-tiempo, los científicos se hallan en los primeros balbuceos y tienen la prudencia de reconocerlo y decirlo. En el número de octubre de 1988 de la revista de la Sociedad Francesa de Astronomía (AFA), *Ciel et Espace*, Alain Bouquet, físico, responsable de investigación en el CNRS, escribía, bajo el título «En el abismo del tiempo»: «¿Qué es el tiempo? Las respuestas que se dan a esta pregunta divergen. Pero si para el físico, el astrónomo, el filósofo o el poeta, el tiempo no tiene el mismo valor, todos, en cambio, plantean el mismo enigma apasionante: ¿puede correr hacia atrás? Las modernas teorías de la astrofísica no lo excluyen cuando no dan sentido a la flecha del tiempo». En este mismo artículo, Alain Bouquet escribe: «Las tres dimensiones del espacio se fusionan con la dimensión del tiempo para formar un espacio-tiempo de cuatro dimensiones que es, por su parte, universal. Este espacio-tiempo contiene la totalidad de los acontecimientos pasados, presentes y futuros, tan determinados como en el caso de Laplace».

Este enigma nos lleva a plantearnos una cuestión fundamental: ¿debemos leer siempre el gran libro del universo de la primera a la última página? ¿Por qué no podemos leerlo de la última a la primera página? Como afirma Alain Bouquet: «En un universo-bloque no hay distinción entre pasado, presente y futuro».

En su *Prefacio a su hijo César* Nostradamus no dice otra cosa cuando escribe: «La virtud causal toca la larga extensión del conocimiento natural, tomando su más inmediato origen en el libre albedrío, hace aparecer las causas que por ellas mismas no pueden hacer adquirir estos conocimientos para ser revelados, ni por las interpretaciones de los hombres ni por otro modo de conocimiento o ciencia oculta bajo la bóveda celeste, *desde el momento presente hasta la total eternidad que comprende la globalidad del tiempo*. Por medio de esta indivisible eternidad, las causas son conocidas por el movimiento del cielo». Algo más adelante, Nostradamus añade esta frase que ningún astrofísico moderno podría desmentir: «Arrojando a lo lejos las fantasiosas imaginaciones, por el juicio puede poseerse el conocimiento de las causas futuras que se producirán, limitándote a la particularidad de los nombres del lugar [...] y una parte del tiempo (dicho de otro modo: una parte del bloque espacio-tiempo), por una virtud que posee una propiedad oculta, a saber, por el poder y la facultad divina, en presencia de los cuales *los tres tiempos* (pasado, presente y por venir) *están comprendidos en el tiempo cuyo desarrollo está vinculado a la causa pasada, presente y por venir*». He aquí un discurso que era incomprensible para los contemporáneos de Nostradamus y que, incluso hoy, sigue siendo de difícil acceso para el común de los mortales. Nuestro viajero del espacio-tiempo repite este principio como un *leit-motiv*: «Por el curso del tiempo se conocerá el porvenir». Algo más allá: «Y he hecho mis suputaciones referentes a los acontecimientos de los tiempos por venir, con el espíritu libre y fuera de alcance; utilizando las épocas pasadas, comprendiendo el presente, así como se conocerá el porvenir por el curso del tiempo en todas las regiones». Tiempos y regiones; dicho de otro modo: el espacio-tiempo. ¿No es sorprendente ver cómo se emite, en este siglo XX que ha visto literalmente estallar el progreso científico, una teoría del espacio-tiempo propuesta cuatro siglos y medio antes? Lo que permite pensar que Nostradamus tuvo conocimiento del fenómeno del cual se trataba. Su afirmación, numerosas veces repetida, de que todo procede de Dios Creador podría hacernos pensar que asimila el Creador y lo creado, a saber, el bloque espacio-tiempo.

Desde hace poco, algunos astrofísicos cuestionan de nuevo el famoso *big-bang*. Y aunque el fenómeno haya presidido la formación del cosmos, ¿quién o qué lo provocó? Voltaire no concibe este gigantesco reloj sin un relojero en su origen. La elección de la hipótesis negativa o afirmativa depende de la sensibilidad de cada uno. Hay grandes científicos creyentes o ateos, y su disciplina común les conduce a conclusiones diametralmente opuestas. Por ello es prudente respetar la posición de cada uno, pues ni el científico ni el poeta ni el filósofo ostentan la verdad en este terreno, y nada hay más vano y pretencioso que afirmar perentoriamente: Dios existe o no existe.

Pero volvamos a Nostradamus y a la capacidad que, tal vez, tuvo de penetrar en una parte de este bloque espacio-tiempo. Debemos considerar sólo una parte de este bloque porque la visión profética está limitada en el tiempo y el espacio. Por lo que se refiere al tiempo, su «proyección» parece iniciarse hacia el siglo V antes de Cristo para concluir en los aledaños de 2025. Por lo que se refiere al espacio, como él mismo escribe, se limitó a Europa, África y una parte de Asia. Dicho de otro modo, pudo atravesar el Mediterráneo pero no el Atlántico. Varios indicios permiten emitir esta hipótesis, en especial cuando Nostradamus compara al general De Gaulle con el general Trasíbulo, que liberó Atenas del yugo espartano, durante la guerra del Peloponeso que estalló en 431 antes de Jesucristo, parece que vio al mismo tiempo esta guerra y la segunda guerra mundial.

Pudo así observar que el sistema político que regía Esparta era por completo comparable al nacionalsocialismo. Los muchachos eran arrebatados a su madre a la edad de diez años y enrolados en movimientos de juventud; los ancianos, los niños deformes, bocas inútiles, eran eliminados. Los espartanos eran xenófobos y les estaba prohibido casarse con metecos (del griego μετα-οικοσ, *meta-oikos*, que quiere decir literalmente: «que no forma parte de la casa», y por extensión: «extranjero»). Cuando los espartanos instauraron el régimen de los Treinta Tiranos, algunos atenienses tomaron el camino del exilio, mientras otros formaron grupos de delatores profesionales que se llamaban sicofantes (la milicia), encargados de entregar al ocupante cualquier individuo hostil a Esparta. A la cabeza de los exiliados que se refugiaron en Tebas, potencia democrática aliada de Atenas, se hallaba el general Trasíbulo, que lanzó, desde aquella ciudad, una llamada a la resistencia contra el invasor espartano y que, a la cabeza de un pequeño grupo que aumentaba día tras día, liberó Atenas del ocupante. Por si este paralelismo entre la guerra del Peloponeso y la segunda guerra mundial no fuera bastante preciso, diremos que una vez liberada Atenas Trasíbulo restituyó la Constitución de Solón, que era la Constitución democrática anterior a la invasión. El general De Gaulle hizo lo mismo cuando creó la Cuarta República, después de que el ocupante alemán hubiera terminado con la Tercera República. Hay, pues, entre ambos conflictos una sorprendente similitud. Para Nostradamus todo ocurre como si hubiera tenido ante él un «muro de imágenes» que representaran esa porción de historia de veinticinco siglos. En 1555 habría tenido una visión paralela de ambas guerras, mientras que para su contemporáneo, el rey Enrique II, la guerra del Peloponeso era el pasado y la segunda guerra mundial lo por venir. Esta hipótesis es fundamental, pues descarta la tesis del determinismo y explica por qué Nostradamus se apoya en el libre albedrío del que habla en el párrafo de *Prefacio a su hijo César*, citado anteriormente. En efecto, ve las locuras que hacen los hombres, ya sea en 431 antes de Jesucristo o en 1940. Podríamos reformular esto utilizando el pasado: vio en 1555 las guerras y las atrocidades perpetradas por los hombres desde esta fecha hasta 2025. El objetivo de las cuartetas es denunciar las criminales locuras de los hombres. Por esta razón es inútil buscar en estos escritos la invención de la bicicleta, el teléfono o la televisión. La invención de lo nuclear no es cosa suya. En cambio, las catástrofes provocadas por este invento se cuentan con detalle, como la explosión del reactor de la central de Chernobil o la destrucción de Hiroshima y Nagasaki, cuya sorprendente descripción es la siguiente:

II, 91

Soleil levant un grand feu on verra,
Bruit et clarté vers Aquilon tendans;
Dedans le rond mort et cris l'on orra,
Par glaive, feu, faim, mort les attendans.

Sol naciente un gran fuego se verá,
Ruido y claridad hacia Aquilón tendiendo;
En el círculo muerte y gritos se oirán,
Por espada, fuego, hambre, muerte les esperarán.

En el Japón (el imperio del «Sol Naciente») se verá un gran fuego, ruido y luz (el estruendo y la inmensa claridad creados por la explosión atómica), hacia Rusia (el imperio del Norte) que ocupa todavía las islas Kuriles, antiguo territorio japonés. En el círculo de muerte se escucharán gritos. Por la guerra, el fuego y el hambre los hombres aguardarán la muerte. Una segunda cuarteta describe la terrorífica catástrofe que representó la aniquilación de las dos ciudades japonesas:

II, 6

Auprès des portes et dedans deux cités,
Seront deux fléaux et onc n'aperceu un tel:
Faim, dedans peste, de fer hors gens boutez,
Crier secours au grand Dieu immortel.

Junto a las puertas y dentro de ambas ciudades,
Habrá dos plagas como no se vieron igual:
Hambre, peste dentro, hierro fuera, gente expulsada,
Gritar socorro al gran Dios inmortal.

Junto a las *puertas* (el Japón, «Puertas de Oriente») y en dos ciudades (Hiroshima y Nagasaki), habrá dos plagas que nadie había visto todavía (primera utilización del arma atómica); estas plagas provocarán hambre y enfermedad; la gente será golpeada (*bouter* en francés antiguo) por algo distinto al hierro, el símbolo de la guerra (¿el uranio?) e invocarán al emperador (representante de Dios en la tierra).

Las descripciones hechas por Nostradamus permiten pensar que vio arder realmente, bajo el fuego atómico, las dos ciudades del Japón, pues parece describirlos como acontecimientos que él hubiera vivido. Y la expresión «nadie vio (antaño) semejante plaga» pone de relieve su viaje por el espacio-tiempo, puesto que esa catástrofe no se había producido antes de 1555, fecha en la que la describe, ni tampoco antes de 1945. Realiza, pues, un recorrido de cuatrocientos noventa años en una distancia de veinte mil kilómetros. Ambas cuartetas muestran también que si Nostradamus no mencionó acontecimientos referentes al continente americano, vio sin embargo la importancia de América y sus acciones sobre los continentes que le interesan: «Europa, África y una parte de Asia».

Otro ejemplo que ilustra esta percepción excepcional del espacio-tiempo es la frase ya citada en el Preámbulo, en la que Nostradamus anunciaba el final del Antiguo Régimen para el año 1792. El juicio de valor que formula al decir que aquel año será percibido como *una renovación de los siglos* únicamente puede explicarse imaginando que vio simultáneamente los trece siglos de monarquía y las cinco Repúblicas.

Al comienzo de la *Carta a Enrique, rey de Francia segundo*, Nostradamus precisa cuál es la parte del bloque espacio-tiempo que tuvo la posibilidad de conocer. Escribe: «Esperando haber dejado por escrito acontecimientos que afectarán los años, los pueblos, las ciudades, las regiones; e incluso los años 1585 y 1606, a partir de hoy, 14 de marzo de 1557. Yendo mucho más allá de estas fechas hasta la llegada del principio del séptimo milenio, por una madura reflexión, hasta donde mi cálculo astronómico y otros conocimientos me han permitido ir... el todo ha sido, pues, compuesto y calculado en días y horas elegidos y bien dispuestos». He aquí, efectivamente, *el otro conocimiento* que Nostradamus evoca, sin precisarlo, puesto que de lo contrario, en plena Inquisición, corría el riesgo de ser quemado por hereje. Teniendo en cuenta la cronología bíblica, este séptimo milenio se iniciará el año 2000. En efecto, a los cuarenta siglos cubiertos por el Antiguo Testamento, deben añadirse los veinte siglos de la era cristiana.

En el tomo II de *Nostradamus, historiador y profeta* se explicó cómo Nostradamus había codificado astutamente la fecha del final de su visión profética, final que corresponde a los primeros años del séptimo milenio. Escribe en la *Carta a su hijo César*: «He escrito libros de profecías... que constituyen vaticinios perpetuos desde hoy (1555) a 3797». Precisa así una porción de tiempo comprendida entre estas dos fechas, es decir 2.242 años. Si se añaden esos 2.242 años a los 4.757 años de la cronología bíblica, encontramos la fecha de 6999 (era judaica + era cristiana), es decir el año 1999 según la cronología cristiana. Como nos indica en dos cuartetas que las guerras del Anticristo comenzarán antes de 1999 y que estas guerras durarán veintisiete años, el final de la profecía debe situarse entre 2023 y 2026. Este modo de calcular nos es ajeno. Ésta es la causa por la que no es fácil reconocer las fechas que Nostradamus quiso precisar.

Esta visión poco conocida de la historia obliga al traductor a intentar abandonar su propio espacio-tiempo, prisionero como es del lugar donde se halla en un momento dado, ante la imposibilidad de escapar de ello. Así, muchos oyentes, lectores y periodistas me han escrito o se han puesto en contacto conmigo, desde 1980, para que les indicara los acontecimientos que iban a producirse al siguiente año. En función de su viaje en el bloque espacio-tiempo, Nostradamus no redacta un calendario de acontecimientos sino que describe un encadenamiento y un desarrollo de hechos que se imbrican unos en otros. No es fácil desenredar el ovillo. Así, en cualquier momento podemos vernos confrontados a una cuarteta que indica un acontecimiento pasado y otro por venir o dos acontecimientos separados por varios años, varios siglos incluso, mientras que, para Nostradamus, en su bloque espacio-tiempo, ambos acontecimientos son contemporáneos. De ahí la cuasi imposibilidad de clasificar acontecimientos y cuartetas cronológicamente, de acuerdo con nuestros habituales criterios de agenda.

Nostradamus dio pocas fechas precisas: 1792 y 1999. Puesto que la primera resultó exacta, no vemos por qué lógica debiéramos discutir la segunda y por qué los acontecimientos anunciados no van a producirse puesto que, de acuerdo con la teoría del espacio-tiempo, han sucedido ya, a menos que el libre albedrío...

He aquí un ejemplo de la inclusión en una cuarteta de dos acontecimientos separados por cuarenta y dos años.

III, 59

Barbare empire par le tiers usurpé,
La plus grand part de son sang mettra à mort:
Par mort sénile par luy le quart frappé,
Pour peur que sang par le sang ne soit mort.

Bárbaro imperio por el tercero usurpado,
La mayor parte de su sangre matará:
Por muerte senil por él el cuarto golpeado,
Por miedo de que la sangre sea muerta por la sangre.

La Tercera República se apoderará del Magreb cuyo nombre era, en el siglo XVI, *costas berberiscas*, y masacrará a una importante cantidad de gente; la Cuarta República, envejecida, será golpeada por él (el imperio berberisco) con un espíritu de venganza.

Las palabras *tiers* («tercio») y *quart* («cuarto», de fracción), se utilizaban en vez de *troisième* («tercero») y *quatrième* («cuarto», ordinal). Efectivamente la Tercera República concluirá la conquista del Magreb. En Argelia, los decretos de 26 de agosto de 1881 completan el dominio de Francia sobre aquel país por el sistema de las «vinculaciones». En 1881, Jules Ferry ordena invadir Túnez con un ejército de treinta mil hombres. El 30 de marzo de 1912, la convención de Fez inaugura el protectorado francés en Marruecos. En 1954 se inicia el levantamiento en Argelia, que producirá la caída de la Cuarta República en 1958. Cuando en la *Carta a Enrique, rey de Francia segundo*, Nostradamus da setenta años de vida a la Unión Soviética, proclamada en 1922 y desaparecida en diciembre de 1991, nos interpela sobre el modo de clasificar el comienzo y el final del régimen. ¿Es más lógico clasificar cronológicamente el texto profético en 1922 o en 1991? Ésta es la razón por la que, en este libro, las cuartetas se clasifican por tema y por secuencias de historia. En *Nostradamus, historiador y profeta*, esta imposibilidad de clasificación cronológica nos llevó, para el porvenir, a un desconcertante desorden. Por lo que se refiere al pasado, es decir, de 1555 a 1980, las cuartetas se clasificaron también en cierto desorden en lo relativo a la cronología, aunque según las secuencias conocidas de la historia. Como nos acercamos al final de la profecía, es ahora más fácil volver a clasificar el conjunto de textos, tanto más cuanto que el punto de orientación «faro» de 1999, verdadera bisagra entre el comienzo del fin y el final de la era cristiana, está ahí para servir de eje a las secuencias por venir. Puesto que el inicio del fin se sitúa en 1792, primera fecha que Nostradamus menciona con claridad, año que pone fin a trece siglos de monarquía de derecho divino.

El modo de abordar la historia a través del filtro de la profecía nada tiene en común con los métodos actuales de enseñanza de esta disciplina. En efecto, los manuales escolares proponen una historia fragmentada en una especie de calendario, donde los acontecimientos se suceden cronológicamente. No es fácil librarse de esta formación, verdadero obstáculo para este tipo de investigaciones. Así pues, tras una larga andadura mental, poco a poco, se consigue acompañar a Nostradamus en su paseo por su bloque espacio-tiempo.

Tras varios decenios de trabajo sobre los escritos de Nostradamus, se termina por entrar en su sistema de referencias, lo que permite pasar sin transición de acontecimientos por venir a acontecimientos pasados, alejados los unos de los otros. Esta gimnasia intelectual es también impuesta por el vocabulario. La lengua de Nostradamus es la del siglo XVI. Nos vemos, pues, conducidos a recorrer, de golpe, cuatro siglos prácticamente en cada palabra: por ejemplo, lees Ragusa y de inmediato tienes que pensar en Dubrovnik, moderno nombre de esta ciudad histórica, algo que también ocurre con Mesopotamia que debe traducirse por Irak, Cesarea por Zaragoza, etc. Podríamos multiplicar hasta el infinito este tipo de ejemplos. No es posible, pues, dar dirección a la flecha del tiempo, y la historia se convierte en un todo dentro de la parte del bloque de cuatro dimensiones a la que Nostradamus tuvo acceso.

Tras un largo aprendizaje de este método, puede concebirse entonces globalmente la historia de trece siglos de monarquía comparada con la de las cinco Repúblicas; y eso permite hacer la siguiente advertencia: la Primera República trajo a Napoleón I y el primer Imperio, la Segunda República trajo a Napoleón III y el segundo Imperio, la Tercera República trajo a Pétain y el Estado francés, la Cuarta República trajo al general De Gaulle y los plenos poderes (artículo 16 de la Constitución de 1958). Este modo de acercarse a la historia de las

Repúblicas a través del tiempo conduce naturalmente a preguntarse qué personaje con poder personal podría traernos la Quinta República.

Nostradamus contesta esta pregunta cuando anuncia la llegada de un Borbón a la cabeza del Estado, como, en 1975, Juan Carlos I tomó la sucesión del general Franco en España. Esta profecía no es más absurda o irrealizable que la llegada de Napoleón I en el caos del Directorio, de Napoleón III en el de la Segunda República, la de Pétain en el de la Tercera República o la de Charles de Gaulle en el de la Cuarta. En materia de historia todo es posible, por más ilógico que sea desde el punto de vista de la lógica humana. Sólo semejante postulado, previamente aceptado, nos permite intentar entrar en el bloque espacio-tiempo del profeta. El hombre es sólo prisionero del presente, de un conocimiento parcial del pasado y de una total ignorancia del porvenir. Sólo un espíritu liberado de prejuicios y un encarnizado trabajo pueden ayudar a comprender y entrever ciertos acontecimientos anunciados por el profeta, mientras que, para éste, esos mismos acontecimientos estaban ocurriendo en el preciso instante en que los escribía sobre el papel. Por otra parte, nunca debemos perder de vista que, a causa de la Inquisición, se vio obligado a velar su texto por medio de una niebla filológica, jugando con los anagramas y las figuras gramaticales.

Así pues, abandonando una mentalidad forjada en los análisis racionales de la historia, se penetra en un sistema de referencias distinto al nuestro. Nos vemos llevados a «viajar» a través de varios siglos (unos veinticinco para Nostradamus), y todo en un solo momento. Podemos así preguntarnos si la decisión de Nostradamus de indicar con claridad dos fechas –1792 y 1999– es una arbitrariedad, un azar o, más bien, se debe a una lógica de su visión a través del espacio-tiempo. Cierto número de juicios de valor emitidos por Nostradamus sobre acontecimientos o personajes de la historia entre esos dos puntos de orientación temporales nos permiten descubrir que 1792 representa el comienzo del final de la civilización occidental y 1999 el final. Los historiadores consideran la fecha de 1792, fin del Antiguo Régimen y proclamación de la Primera República, como una grieta fundamental en la civilización de Europa, un brutal abandono de los ideales que fueron su motor durante trece siglos y la adopción de grandes principios filosófico-políticos que, de los filósofos de las Luces a los pensadores del siglo XIX –Proudhom, Saint-Simon, Marx–, animaron todas las revoluciones del siglo XX. Uno de los síntomas más reveladores de este fin de ciclo es la caída del Imperio soviético y el abandono de unas utopías que, según sus promotores, iban a hacer la felicidad de los pueblos: nueva religión pagana que terminaba con Dios, perseguía a los cristianos acusándolos de superstición y deificaba al hombre en un culto a la personalidad, llegando la comedia hasta la confesión pública llamada *autocrítica*. Hoy, las autoridades rusas no saben qué hacer de la molesta momia de Lenin, ese dios caído. «Vanidad de vanidades y todo vanidad» (Eclesiastés).

Nostradamus tuvo una visión tan precisa de la parte del bloque espacio-tiempo descrita en las centurias que, en la *Carta a Enrique, rey de Francia segundo*, nos dice: «Y hubiera podido, de haber querido, poner en cada cuarteta un cálculo de tiempo; pero eso no habría gustado a todo el mundo, y menos aún mis interpretaciones, a menos que vuestra Majestad me concediera bastante protección para hacerlo, y no dar pretexto a los calumniadores para agredirme».

Cuando se comprueba la increíble polémica, las venenosas palabras, los comentarios burlones, las denigraciones de toda suerte de que fue víctima, en 1981, *Nostradamus, historiador y profeta*, se comprende la prudencia de Nostradamus en un tiempo en el que reinaba la Inquisición y un destructor oscurantismo; lo que nos lleva a preguntarnos si el oscurantismo y la inquisición han desaparecido hoy de las civilizaciones llamadas democráticas y liberales...

Hombre de ciencia, médico de vanguardia, físico relativista avanzado a su tiempo, astrónomo ilustrado, nuestro profeta no podía expresar abierta y claramente sus descubrimientos, puesto que los poderes políticos y religiosos no habrían dejado de hacer un auto de fe con sus escritos, que así se hubieran perdido definitivamente para la posteridad.

Efectuando su «viaje» por el espacio-tiempo, Nostradamus se dio cuenta de que sólo tenía acceso a una ínfima parte del bloque, comparándolo con sus infinitas dimensiones. En efecto, escribe en la *Carta a Enrique, rey de Francia segundo*: «El mundo se acerca a una gran conflagración (1999), aunque mis suputaciones en mis profecías no cubren todo el curso del tiempo, que va mucho más lejos». Y añade: «Habría podido hacer cálculos más profundos y adaptados unos a otros, pero considerando que la censura pueda poner ciertas dificultades, he retirado, pues, la pluma del papel durante la tranquilidad de mis noches». De nuevo encontramos aquí la obligada prudencia que Nostradamus se ve forzado a demostrar en aquel siglo XVI donde se quema o empala a placer por la menor frase considerada «herética».

En su *Prefacio a su hijo César*, Nostradamus indica los límites de la parte del bloque espacio-tiempo a la que ha tenido acceso: «... mis profecías que están compuestas a lo largo en un discurso sin orden, limitando los lugares (el espacio), los tiempos y el término fijados de antemano que los hombres por venir verán al conocer los acontecimientos que se producirán infaliblemente, pues a pesar de esta forma velada, estas cosas se volverán inteligibles». En una primera lectura, parece que haya una contradicción entre la afirmación de Nostradamus del libre albedrío del hombre y la ineluctabilidad de los acontecimientos anunciados. Esta antilogía no es sino aparente y sólo puede ser tenida en cuenta si se hace abstracción del viaje por el bloque de cuatro dimensiones. En efecto, si como permite pensar la hipótesis aquí emitida, Nostradamus vivió como pertenecientes al pasado los acontecimientos comprendidos entre 1555 y 2025, cuando estos mismos acontecimientos eran todavía el futuro para sus contemporáneos, no es posible cambiar «lo que fue».

Nostradamus no vio ni describió, pues, locuras que los hombres se verían obligados a hacer por no sé qué determinismo o dios vengador, que les transforma en marionetas manipuladas por el azar o la necesidad. Anuncia catástrofes libremente engendradas por la ambición y la sed de poder. Aunque entristecedora, esta observación tranquiliza, pues convierte al hombre en un ser libre y, en consecuencia, responsable y perfectible. Sin ello, la paz universal programada no podría abordarse. La razón por la que su profecía finaliza en los aledaños del año 2025 es que no quedan ya catástrofes por anunciar.

Hallamos aquí el objetivo esencial de la profecía: avisar a los hombres para que acaben abandonando una mentalidad que les fuerza a matarse mutuamente desde hace milenios. Nos vemos así enfrentados a una hipótesis fundamental: si las profecías de Nostradamus se tomaran por fin en cuenta por quienes tienen el poder, las catástrofes anunciadas para los próximos treinta años no se producirían. Eso supondría un cambio radical en las mentalidades y las relaciones de fuerza entre las potencias. Sería necesario que los recursos y las riquezas del planeta fueran puestos, en común, al servicio de todos los hombres. Hoy utopía, pero tal vez mañana... La guerra económica entre los bloques (EE.UU., CEI, Europa, Japón, China continental, Taiwán, Hong Kong y Singapur) representa el verdadero peligro para la paz mundial, pues, en medio de estos gigantes, un importante número de pequeñas o medianas potencias juegan al aguafiestas y prenden focos de incendio que nadie sabe cómo van a terminar.

Cuando Nostradamus anuncia un tercer conflicto mundial en los alrededores del año 1999, ¿lo ha visto realmente en su parte del bloque espacio-tiempo o, apoyándose en su conocimiento de la historia de 1555 a nuestros días, gracias a un análisis y por el razonamiento, nos ha entregado una especie de «juego de la guerra» imaginado para dar a conocer al hombre lo que debe cambiar para detener la matanza? Sólo el porvenir inmediato responderá esta pregunta.

2

El fin de la civilización europea.
Los signos precursores

Desde el éxito de *Nostradamus, historiador y profeta*, en 1981, cierto número de maníacos de lo «sensacionalista» y explotadores de lo morboso se empeñan en anunciar el fin del mundo utilizando las profecías de Nostradamus. Esta utilización dudosa de las centurias se enunciaba ya en esta primera obra, en la que podía leerse: «... Se abrirá entonces, dentro de unos cincuenta años, el séptimo milenio o era de Acuario que aportará al hombre la paz universal y la prosperidad, tanto espiritual como material».

Como ha sido ya expuesto precedentemente, Nostradamus «se pasea» por el tiempo y el espacio y ve en el desarrollo de la historia los signos precursores del final de la civilización europea, escalonados en casi dos siglos. A partir de las utopías de los filósofos de la Ilustración describe los síntomas de la enfermedad que corroerá la civilización occidental. Citando a Jean-Jacques Rousseau, hace responsable en gran parte a éste de la caída que debe producirse a consecuencia de una conjura que derribaría el sistema puesto a punto por Napoleón I, sistema que sigue en vigor tanto en Francia como en los demás países europeos, a los que fueron exportadas estas ideas. Este punto es tan capital que la cuarteta que se refiere a este acontecimiento está colocada al inicio de su obra, y lleva el número 7 en la primera centuria:

Tard arrivé l'exécution faite,
Le vent contraire, lettres aux chemins prises:
Les conjurés XIIII d'une secte,
Par le Rousseau senez les entreprises.

Tarde llegado la ejecución hecha,
El viento contrario, cartas tomadas en el camino:
Los conjurados XIIII de una secta,
Por el Rousseau senectas las empresas.

El régimen será, pues, ejecutado por una conjura fomentada por catorce miembros de un partido. Habiendo cambiado el viento de la historia y habiendo sido hallados documentos, probablemente comprometedores, todas las empresas basadas en las ideas de Jean-Jacques Rousseau habrán envejecido.

Recordemos aquí que Rousseau es considerado el padre del sufragio universal y el portaestandarte de las ideas de la Ilustración. Ahora bien, cuando se observa lo que ocurre actualmente en el electorado, asqueado por las políticas de todos los bandos y que se abstiene, vota en blanco o concede su voto a los pescadores de caña, es obligado advertir el envejecimiento de un sistema que ya no atrae a nadie. Es preciso, además, advertir que el empleo por Nostradamus de un artículo ante el nombre propio tiene una acepción peyorativa. Para ilustrar este fin de sistema basta con apelar a gente perteneciente a corrientes de pensamiento muy distintas y que denuncian hoy las utopías de la Ilustración y las catástrofes que han engendrado. Así, en *Le Monde* del 18 de octubre de 1994, Henri Tincq, autor de un artículo sobre el libro de Juan Pablo II, *Cruzando el umbral de la Esperanza*, escribe: «El pontificado de Juan Pablo II está en la confluencia de tres heredades: el neotomismo, la crítica del positivismo y de la Ilustración, la hermenéutica contemporánea». Por su lado, Zaki Laïdi, investigador en el CNRS, declaraba en *Le Monde* del 8 de noviembre de 1994: «En *Un monde privé de sens* he intentado demostrar que el final de la guerra fría no sólo señalaba una ruptura con el comunismo sino también el agotamiento de un mundo: el de la Ilustración. Y si el nuevo orden mundial ha fracasado, se debe a esta razón. Se creyó ver en la caída del muro el triunfo de la Ilustración. Descubrimos hoy que señala de modo inexorable el fin del reino de la Ilustración».

En *Le Monde* del 17 de enero de 1995, la introducción del artículo de Jorge Semprún sobre el último libro de François Furet, que fue miembro del partido comunista, afirma: «Tras haber revisado de modo radical la historia y la interpretación de la Revolución francesa, lo que le ha valido notoriedad mundial, François Furet hace hoy su resonante entrada en la historia contemporánea con la aparición de su ensayo *Le passé d'une illusion* consagrado a la idea comunista del siglo XX... En *La République du centre*, obra colectiva aparecida en 1988, había examinado los más actuales contornos del agotamiento de los mitos y utopías nacidos de 1789».

Uno de los signos más fuertes de este fin de sistema es, sin duda alguna, la caída del comunismo y el derrumbamiento del Imperio soviético, sustituido por un bloque ruso-musulmán denominado Federación de Rusia.

Por tercera vez en el siglo XX, Europa entra en erupción en los Balcanes y el Cáucaso. Azedíes y armenios, ucranianos, georgianos, moldavos, chechenos, serbios, croatas, eslovenos y bosnios se matan entre sí pese a toda la buena voluntad de las Naciones Unidas. ¿Dónde está, pues, ese hombre «nacido naturalmente bueno» que soñó Jean-Jacques Rousseau? Europa prendió las dos primeras guerras mundiales y ahora corre el riesgo de arrastrar, por tercera vez, al planeta a una gigantesca catástrofe; guerras de autodestrucción hechas sólo para la conquista del «becerro de oro», es decir, del poder, según Tucídides.

Las conferencias de paz

Paradójicamente, la multiplicación de conferencias de paz enmascara el desarrollo de los potenciales conflictos (aproximación entre Occidente y los países de la ex URSS, pero sobre todo la conferencia sobre Oriente Medio entre árabes e israelíes, en la que Nostradamus ve el pretexto de un incendio general).

VIII, 2 *bis*

Plusieurs viendront et parleront de paix,
Entre Monarques et Seigneurs bien puissants;
Mais ne sera accordé de si près,
Que ne se rendent plus qu'autres obéissants.

Varios vendrán y hablarán de paz,
Entre Monarcas y Señores muy poderosos;
Pero no será acordada tan pronto,
Pues no se hacen más que otros obedientes.

Varios jefes de grandes potencias hablarán de paz (EE.UU.-CEI), pero la paz no les será concedida, pues al igual que los otros no obedecerán a la sabiduría.

La entrada en erupción de Europa, provocada por el estallido del Imperio soviético, se traduce en guerras intestinas entre las antiguas provincias del Imperio, así como entre las provincias del Estado yugoslavo.

XII, 56

Roy contre Roy et le Duc contre Prince,
Haine entre iceux, dissenssion horrible:
Rage et fureur sera toute province,
France, grand guerre et changement terrible.

Rey contra Rey y el Duque contra Príncipe,
Odio entre ambos, horrible desacuerdo:
Rabia y furor será toda provincia,
Francia, gran guerra y cambio terrible.

Un gobierno se levantará contra otro gobierno, un general (*ducs*, en latín) contra un jefe y mantendrán entre sí horribles disensiones y odios. La rabia y el furor harán estragos en todas las regiones y conducirán a una gran guerra en Francia y a un cambio terrible.

Esta descripción expone perfectamente lo que ocurre en Europa en las provincias del Estado yugoslavo, así como entre las distintas etnias del ex Imperio soviético.

VIII, 4 bis

Beaucoup de gens voudront parlementer,
Aux grands seigneurs qui leur feront la guerre:
On ne voudra en rien les écouter,
Hélas! si dieu n'envoye paix en terre!

Mucha gente querrá parlamentar,
Con los grandes señores que les harán la guerra:
No se querrá en nada escucharles,
¡Ay! ¡Si Dios no envía paz a la tierra!

Mucha gente querrá hablar de paz con los poderosos que les harán la guerra, pero no serán escuchados; ¡ay!, si Dios no envía paz a la tierra.

La Europa de los Quince es incapaz de poner fin al conflicto entre las pequeñas potencias como Bosnia o Croacia y la poderosa Serbia.

I, 91

Les Dieux feront aux humains apparences,
Ce qu'ils seront autheurs de grand conflict,
Avant ciel veu serein, espée et lance,
Que vers main gauche sera plus grand afflict.

Los Dioses harán a los humanos apariencias,
Que serán autoras de gran conflicto,
Antes el cielo visto sereno, espadas y lanzas,
Que hacia la mano izquierda será mayor aflicción.

Los Dioses harán responsables a los hombres, autores de un gran conflicto, antes del cual se verá en un cielo sereno un cometa (espada y lanza eran palabras utilizadas en el siglo XVI para designar los cometas), pero las fuerzas de izquierda serán las más afectadas. El tribunal de Nuremberg que juzgó a los criminales nazis por «crímenes contra la humanidad» fue la primera reacción contra los autores responsables de la guerra. Hoy, se habla de perseguir ante un tribunal internacional a los responsables de la depuración étnica llevada a cabo por los serbios. Esta cuarteta, como muchas otras, abarca un lapso relativamente importante. En efecto, el primer verso deja suponer que un orden mundial «antiautores de guerra» pondrá término a los conflictos en todas las regiones del mundo. Ése sería, pues, un signo precursor de la paz universal anunciada para 2025, aproximadamente.

IX, 52

La paix s'approche d'un côté et la guerre,
Oncques ne fut la poursuite si grande,
Plaindre homme, femme, sang innocent par terre,
Et ce sera de France à toute bande.

La paz se aproxima de un lado y la guerra,
Nunca fue la persecución tan grande,
Compadecer hombre, mujer, sangre inocente por tierra,
Y será de Francia por todo lugar.

Paz y guerra se aproximan juntas y la búsqueda de ambas nunca habrá sido tan grande. Deberá compadecerse a los hombres y las mujeres, los inocentes, y eso en todas partes de Francia.

Desde hace unos años se han multiplicado las conferencias de paz. Unas sobre el Próximo Oriente, otras sobre la ex Yugoslavia. Todas tuvieron como ciudad faro Ginebra.

Ginebra, centro de las conferencias de paz

I, 47

Du Lac Léman les sermons fascheront,
Des jours seront reduicts par des semaines:
Puis mois, puis ans, puis tous défailleront,
Les Magistrats damneront leurs lois vaines.

Del lago Léman los sermones enojarán,
Días serán llevados por semanas:
luego meses, luego años, luego todos desfallecerán,
Los Magistrados condenarán sus leyes vanas.

Los sermones de Ginebra harán enfadar a los hombres. Los días se convertirán en semanas, luego en meses, luego en años, luego todos los sermones se derrumbarán. Los magistrados condenarán estos inútiles reglamentos.

Las primeras convenciones de Ginebra datan del 22 de agosto de 1864. Fueron revisadas en 1905 y en 1929. Otras convenciones se firmaron el 12 de agosto de 1949. Hoy no queda más remedio que admitir que tales «sermones», como Nostradamus los denomina, no fueron respetados por los países que los habían firmado.

v, 85

Par les Sueves et lieux circonvoisins,
Seront en guerre pour cause de nuées:

Camp marins locustes & cousins,
Du Léman fautes seront bien desnuées.

Por los suevos y lugares circunvecinos,
Estarán en guerra por causa de las nubes:
Campos marinos saltamontes y cénzalos,
Del Léman faltas serán muy descubiertas.

En Alemania y en los países vecinos (¿los Balcanes?) los pueblos estarán en guerra a causa de las *nubes* (o también *bandadas*, ¿tal vez una alusión al importante número de etnias?). Los aviones y los ingenios anfibios desembarcarán (establecerán campamentos en las costas). Los errores del lago *Léman* (Ginebra) serán puestos en evidencia. (En latín, *locusta* significa «saltamontes», y los *cousins* son en realidad unos mosquitos acuáticos.)

La crisis económica y la corrupción política

Uno de los signos más patentes de la situación del planeta, en la que Nostradamus insiste especialmente, es la crisis económica mundial. Los sobresaltos de las distintas Bolsas y su fragilidad frente a las fluctuaciones de las monedas anuncian su derrumbamiento durante la importante crisis por venir.

VII, 35

La grande poche viendra plaindre pleurer,
D'Avoir esleur: trompez seront en l'aage:
Guière avec eux ne voudra demeurer,
Deceu sera par ceux de son langage.

La gran bolsa vendrá a lamentarse llorar,
De haber elegido: engañados serán de vez en cuando:
Pocos con ellos querrán permanecer,
Decepcionado será por los de su lenguaje.

Es admirable ver a Nostradamus designando la Bolsa con la expresión «la gran bolsa», es decir, el lugar donde se coloca el dinero. Se vendrá pues a lamentar y llorar la Bolsa. Se lamentará haber elegido a gente que engañará a la opinión pública y pocos querrán seguir viviendo con ellos, pues quedarán decepcionados (los electores) por sus discursos políticos.

La siguiente cuarteta se atribuye, erróneamente, por la mayoría de los exégetas, a la crisis económica de 1929. En efecto, en la cuarteta, Nostradamus precisa que todos los papeles (títulos de Bolsa) y todas las monedas se derrumbarán, lo que no se produjo en 1929.

VII, 28

Les simulachres d'or et d'argent en flez,
Qu'après le rapt lac au feu furent gettez,
Au descouvert estaincts tout et troublez,
Au marbre escripts, perscripts interjettez.

Los simulacros de oro y plata hinchados,
Que tras el rapto de la leche al fuego furioso arrojados,
Al descubierto cansados todos y turbados,
En el mármol escritos, perscritos arrojados.

Las imitaciones del oro y de la plata (títulos y billetes de banco) serán víctimas de la inflación tras haber sido arrojados al *fuego* (¿alusión al fuego de la guerra?), con el final de la buena vida (*lac, lactis*, en latín) y todos serán agotados y perturbados por el déficit (presupuestario: el «descubierto»); los títulos y los billetes de banco (*perscribere*: «pagar en billetes») serán echados a la papelera. Este robo de la comodidad proporcionada por la sociedad de consumo se concreta en los «nuevos pobres y los sin techo». Los escándalos financieros se multiplicarán y se volverán contra sus autores.

VIII, 14

Le grand crédit, d'or d'argent l'abondance
Aveuglera par libide l'honneur:
Cogneur sera l'adultère l'offence,
Qui parviendra à son grande déshonneur.

El gran crédito, de oro de plata la abundancia
Cegará por avidez el honor:

Conocido será el adulterio la ofensa,
Que llegará a su gran deshonor.

La abundancia del crédito del dinero (Fondo Monetario Internacional y déficit de la balanza de pagos americana), borrará el sentido del honor por la corrupción (*libido*: «corrupción, deseo»). Estos engaños y estas ofensas serán conocidas por la opinión pública y llevarán al gran deshonor de sus autores. Algo que describe muy bien el clima de escándalos financieros de todas clases que estamos viviendo desde hace unos años. En cuanto a la abundancia del crédito y de la masa monetaria en circulación, ha estrangulado a los países en vías de desarrollo y amenaza con hacer estallar el sistema monetario internacional.

VI, 23

Despit de règne numismes descriés,
Et seront peuples esmeus contre leur Roy:
Paix, fait nouveau, sainctes lois empirées
Rapis onc fut en si tres dur arroy.

Desprecio de reino monedas depreciadas,
Y los pueblos se moverán contra su Rey:
Paz, hecho nuevo, santas leyes estropeadas
Rapis nunca estuvo en tan dura confusión.

El poder será despreciado (*despit*: «desprecio» en francés antiguo) a causa de la depreciación de la moneda (*nomisma*: «moneda»; *descrier*: «depreciar») y los pueblos se levantarán contra su jefe de Estado (*esmuer*: «levantarse»). Se hablará de paz, lo que constituirá un hecho nuevo (conferencia de paz entre israelíes y árabes), las leyes morales serán corrompidas (aumento de la criminalidad) y nunca antes se habría visto París (Rapis, anagrama) en semejante confusión.

He aquí un texto que describe muy bien el clima actual de Francia y de Occidente.

Tras la caída del comunismo en el Este, asistiremos a la caída del capitalismo en el Oeste; ambos sistemas se habrán alimentado el uno al otro, desde su aparición en la segunda mitad del siglo XIX.

Des Roys et Princes dresseront simulachre,
Augures, creux eslevez aruspices:
Corne victime dorée, et d'azur, d'acres
Interprétez seront les exstipices.

Reyes y Príncipes erigirán simulacros,
Augures, vacíos levantados auspicios:
Cuerno víctima dorada, y de azur, acres
Interpretados serán los arúspides.

Jefes de Estado y de gobierno harán imitaciones (planchas de billetes y títulos de Bolsa: enorme masa de dólares en circulación). Los hombres políticos jugarán a los profetas y harán previsiones sin fundamento (*harupex* y *augur* en latín: «profeta, adivino»); la sociedad de consumo (*cuerno dorado*) será su víctima y la violencia sustituirá la buena vida (*azur* en sentido figurado: «tranquilidad, calma»; *acer*: «duro, violento»). Sus profecías (*extipex*: «adivino») serán denunciadas.

La corrupción llega también a Italia:

x, 65

Ô vaste Rome ta ruyne approche,
Non de tes murs, de ton sang & substance:
L'aspre par lettres fera si horrible coche,
Fer poinctu mis à tous jusques au manche.

¡Oh vasta Roma, tu ruina se aproxima!
No de tus muros, de tu sangre y sustancia:
El áspero por letras hará tan horrible atentado,
Hierro puntiagudo metido en todos hasta las mangas.

¡Oh, vasta Roma! Tu ruina se acerca, no a tus muros sino a tu sangre y a tu sustancia. Los medios de comunicación harán tan horrible estrago que todos se verán apuñalados (en sentido figurado) hasta las *mangas* (alusión a los magistrados, hombres de toga).

En el número especial de *Le Monde 1944-1994*, podía leerse de la pluma de Yves Mény: «Hay dos lecturas posibles del fenómeno de corrupción y de las reacciones de corrección que de él se deriva. La primera lectura insiste en la excepcionalidad francesa: ciertamente, la corrupción existe como en todas partes, pero no es sistemática ni endémica, y Francia no debe ruborizarse por el comportamiento de algunas ovejas extraviadas. A los pecados veniales y accidentales franceses se oponen, según los defensores de esta versión edulcorada, la corrupción "sistemática" de países como Estados Unidos o Italia...». El 6 de diciembre de 1994, Bettino Craxi (antiguo presidente del Consejo socialista entre 1983 y 1987) es condenado en contumacia a cinco años y seis meses de cárcel por corrupción. El 13 de diciembre del mismo año, el presidente del Consejo, Silvio Berlusconi, es interrogado durante siete horas por los jueces milaneses sobre una eventual tentativa de corrupción de agentes de la brigada financiera.

Una excepcional sequía

Con el título «Sequía: las reservas están al mínimo», *Le quotidien du médecin* en su número 4.958 del miércoles 29 de abril de 1992, revelaba: «Clermont-Ferrand (el corazón de Francia) era a mitad de marzo, según los meteorólogos, la ciudad más seca de Francia, con un déficit pluviométrico nunca alcanzado desde que existen las mediciones, es decir, desde hace ciento treinta y cuatro años». El periódico cita luego unas declaraciones del señor Mérillon, «Mister Sequía» en el Ministerio del Medio Ambiente: «El año pasado, junio fue aceptablemente lluvioso pero, a partir de julio, las medidas limitando el uso de agua afectaban ya a cuarenta departamentos». He aquí pues las cuartetas que pueden atribuirse a esta excepcional sequía, porque no disponemos de prueba científica alguna de que haya existido otra idéntica o más importante entre 1555 y 1858, fecha de las primeras mediciones.

I, 17

Par quarante ans l'iris n'apparoistra,
Par quarante ans tous les jours sera veu:
La terre aride en siccité croista,
En grand déluge quand sera apperceu.

Por cuarenta años el iris no aparecerá,
Por cuarenta años todos los días será visto:

La tierra árida en sequía crecerá,
En grandes diluvios cuando será percibido.

Nostradamus nos indica que esta sequía se producirá tras la primera guerra mundial, signo precursor de las siguientes. En efecto, esta cuarteta, que expliqué en el tomo II de *Nostradamus, historiador y profeta*, precisa que a un período de guerra de cuarenta años (guerras coloniales de 1830 a 1870) sucederá un período de paz de la misma duración (de 1872 a 1914). El *iris* o «arco iris se dice, a veces, de todo lo agradable», nos informa el diccionario; ¿acaso este período de cuarenta y un años no fue denominado «la Belle Époque»? Esta cuarteta es especialmente reveladora del paseo por el tiempo de Nostradamus.

III, 3

Mars et Mercure, & l'argent joint ensemble,
Vers le Midy extreme siccité:
Au fond d'Asie on dira terre tremble,
Corinthe, Ephèse lors en perplexité.

Marte y Mercurio, y el dinero unido junto,
Hacia el Mediodía extremada sequía:
Al fondo de Asia se dirá tierra tiembla,
Corinto, Éfeso entonces en perplejidad.

La guerra (Marte, dios de la guerra; los Balcanes y el Cáucaso), la corrupción (Mercurio, dios de los ladrones) y el poder del dinero reinarán juntos; habrá una gran sequía hacia mediodía. Japón será afectado por importantes temblores de tierra; Grecia y Turquía tendrán problemas (¿cuestión de los Balcanes, Macedonia?).

III, 4

Quand seront proches le défaut des lunaires,
De l'un à l'altre ne distant grandement,
Froid siccité, dangers vers les frontières,
Mesme ou l'oracle a pris commencement.

Cuando esté próximo el defecto de los lunares,
Uno y otro no distando grandemente,

Frío, sequía, peligros en las fronteras,
Incluso donde el oráculo ha comenzado.

La palabra «lunares» designa a los islamistas debido a la media
luna (el creciente) que es su símbolo. Cuando los musulmanes estarán a punto de cometer una falta (*défaut* significa en antiguo francés
«falta, error»; en los alrededores de 1999), la distancia (de concep-
ción entre ellos y Occidente) siendo demasiado grande, se conocerán
el frío y la sequía, incluso en el lugar donde nació el autor de las centurias (Saint-Rémy-de-Provence).

Debo abrir aquí un paréntesis sobre el lugar de nacimiento de
Nostradamus. La villa de Salon se apropió apresurada e injustamente
de la persona de Nostradamus, cuyo padre ejercía en Saint-Rémy la
profesión de notario. El nombre del santo que dio su nombre a la
villa es el mismo que el del obispo que consagró a Clodoveo en Reims,
en 496, inaugurando así la monarquía de derecho divino. Además,
Saint-Rémy era el patronímico de su abuelo materno, médico de ca-
becera del rey Renato. Por lo que se refiere al nombre de Nuestra
Señora (*Notre-Dame*), es el que tomó su antepasado, que ejercía el
oficio de comerciante en el barrio de Avignon. Sin duda, hay algunos
símbolos importantes en estos dos nombres. Al tomar el nombre de
Nuestra Señora, su antepasado no podía imaginar que su descendiente sería algún día el profeta más conocido de todos los tiempos.

Tanto Michel Nostradamus como su hijo César no se sentían especialmente atraídos por Salon, donde sufrieron, ambos, las burlas,
la maledicencia y las calumnias de los ciudadanos de la pequeña villa.
De sus sesenta y tres años de existencia, Nostradamus sólo pasó die-
cinueve en Salon, es decir, menos del tercio. Veamos cómo hablaba
de los saloneses en su *Tratado de las confituras*, publicado en 1555 en
Lyon, en la imprenta de Antoine Volant: «Aquí donde tengo mi resi-
dencia estoy alojado (por la facultad de lo que hago profesión) entre
bestias brutas y gente bárbara, enemiga mortal de las buenas letras y
de memorable erudición».

Por lo que a su hijo mayor, César, se refiere, es también severo
con los habitantes de la villa, puesto que escribe en su *Historia y Cró-
nicas de Provenza*, editada en Lyon por Pierre Rigaud en 1614, sobre
la visita que Catalina de Médicis y Carlos IX hicieron a Nostradamus
en 1564: «Siguiendo como muy fuera de sí (Nostradamus) por ex-
traordinaria satisfacción que sintió en aquel instante al verse tan hu-
manamente acogido por tal y tan grande monarca, de quien había na-

71

cido súbdito, y como indignado contra su propia tierra (Salon) estas mismas palabras: ô ingrata patria, veluti Abdera Democrito. Como si quisiera decir: ¡Oh, tierra ingrata a quien doy cierta fama, mira el estado que mi rey se digna aún hacerme! Lo que decía, sin duda, con bastante claridad en tan pocas palabras, contra el duro e incivil tratamiento que algunos sediciosos amotinados, gente de saco y cuerda, sanguinarios matarifes e innobles patanes, le habían dado a él, que tanta gloria daba a su país». Abdera era una ciudad griega de Tracia, patria del gran filósofo Demócrito, de Anaxarco y de Protágoras. La estupidez de los abderitanos se había convertido en proverbial y eran objeto, por parte de los Antiguos, de interminables bromas. «Ningún profeta es bien recibido en su patria» (Evangelio de Lucas).

Volvamos a los «lunares». He aquí la cuarteta hoy realizada que permite atribuir al islam el calificativo de lunar utilizado por Nostradamus en otros textos.

I, 49

Beaucoup avant telles menées,
Ceux d'Orient par la vertu lunaire:
L'an mil sept cens feront grand emmenées,
Subjugant presque le coing Aquilonaire.

Mucho antes tales manejos,
Los de Oriente por la virtud lunar:
El año mil setecientos harán grandes acciones,
Subyugando casi el rincón Aquilonar.

Mucho antes (1700) los de Oriente (Medio), en nombre del islam, habrán hecho grandes expediciones, tras haber sometido casi a su yugo una parte de Rusia. Nostradamus designa siempre a Rusia con el término Aquilón (viento del norte) porque Rusia ocupa toda la parte del hemisferio norte de Europa y de Asia. En 1683, el gran visir de Mehmet IV, Kara Mustafá, sitia Viena con doscientos mil hombres. La ciudad resiste y es salvada por la llegada de un ejército de setenta y cinco mil polacos y alemanes a las órdenes del rey de Polonia Juan III Sobieski y del duque Carlos V de Lorena. Viena y Europa se salvan del yugo islámico. Los Habsburgo pueden entonces lanzar, en las regiones del Danubio, una contraofensiva que aplasta a los turcos en la larga batalla de Mohacs, 1687. Belgrado cae en 1688. Finalmente, en 1699, se firma la paz de Carlowitz. Turquía cede a Austria toda la Hungría turca (menos Temesvar y Belgrado) y sus pretensiones a la soberanía de Transilvania. Kaminiek, Podolia y Ucrania, en el lado occidental del Dniéper, vuelven a Polonia. Venecia recupera Morea (el Peloponeso), la isla de Egina y varias ciudades dálmatas; Rusia, por su parte, obtiene Azov (*el rincón Aquilonar*).

El hambre

En el siglo de los fulgurantes progresos de la ciencia, forzoso es comprobar que el hombre sabe ir a la luna pero es incapaz de alimentar a la población del planeta, más de un tercio de la cual sufre desnutrición o malnutrición. Eso recuerda las palabras de Chrysale en *Las mujeres sabias*: «No vayáis a buscar lo que se hace en la luna y preocupaos un poco de lo que se hace en vuestra casa, donde todo está patas arriba».

Occidente, con un egoísmo irracional y suicida, reduce sus producciones agrícolas, porque son excesivas para él solo, precisamente cuando el hambre reina en numerosos países, como Somalia, Etiopía, etc. La siguiente cuarteta describe muy bien esta hambruna que se ha iniciado y que corre el riesgo de extenderse:

I, 67

La grand famine que je sens approcher
Souvent tourner, puis être universelle,
Si grande et longue qu'on viendra a racher
Du bois racine, et l'enfant de mamelle.

La gran hambruna que siento aproximarse
Volver a menudo, luego ser universal,
Tan gran y larga que se llegará a arrancar
Del bosque raíz, y al niño de las mamas.

La gran hambruna que siente aproximarse volverá a menudo, será luego universal; será tan importante y tan larga que se llegará a arrancar la raíz de los árboles (para comer) y al niño de los pechos de su madre.

He aquí una conmovedora pintura del hambre que hace estragos hoy en la tierra. «Arrancar al niño de las mamas», dice Nostradamus. ¿Quién no ha visto, por televisión, a esas madres somalíes o etíopes, con los pechos vacíos por la caquexia, incapaces de alimentar a su progenie? Esta cuarteta indica, pues, que la hambruna hará intermitentes apariciones hasta dominar la tierra entera.

SEXTILLA 27

Celeste feu du costé d'Occident,
Et du Midy, courir jusqu'au Levant,
Vers demy morts sans point trouver racine,
Troisiesme aage à Mars le Belliqueux,
Des Escarboucles on verra briller feux,
Aage Escarboucle, & à la fin famine.

Celeste fuego del lado de Occidente,
Y del Mediodía, correr hasta el Levante,
Gusanos medio muertos sin encontrar raíz alguna,
Tercera edad, a Marte el Belicoso,
Carbunclos se verá brillar fuego,
Edad Carbunclo y al final hambre.

Nostradamus describe aquí el comunismo y los estragos bélicos que ha producido en todo el planeta. Las dos primeras guerras mundiales han tenido como epicentro África del Norte (el *Mediodía* de Europa) y Oriente Medio, que sigue siendo hoy día uno de los puntos calientes del mundo. Hace mención de un tercer período de guerra durante la edad del comunismo, es decir, el siglo XX; comunismo que las potencias occidentales han enterrado, tal vez, con excesiva precipitación. Parecen haber olvidado que China, la mayor nación del mundo por su población, sigue siendo comunista. El carbunclo es un granate rojo sangre que, al parecer, procede de un dragón, según nos dice el diccionario de Furetière; hermosa imagen para referirse al comunismo chino. Veremos, pues, brillar los fuegos de la guerra durante el período del comunismo y, cuando éste esté a punto de desaparecer, habrá una hambruna, es decir, al final del siglo XX.

Après grand troche humain plus grand s'appreste,
Le grand moteur les siècles renouvelle;
Pluye, sang, lait, famine, fer et peste,
Au ciel veu feu courant longue estincelle.

Tras gran reunión humana más grande se prepara,
El gran motor los siglos renueva;
Lluvia, sangre, leche, hambre, hierro y peste,
En el cielo visto fuego, corriendo larga chispa.

Tras una gran reunión de tropas (*troche* en francés antiguo significa «reunión, tropas»), otra más importante se prepara. Tras la revolución (lluvia, símbolo bíblico del diluvio) y la sangre que haya vertido, poniendo fin a la buena vida (leche, símbolo de buena vida en sentido figurado), se conocerá el hambre, el hierro de la guerra y la epidemia (sida); luego un gran cometa recorrerá el cielo.

El fin de la revolución bolchevique es, pues, también un signo precursor del conflicto que se inició en Yugoslavia. Veremos más adelante que Nostradamus dio varias precisiones referentes a este cometa, muy raro, que será visible a simple vista.

Flambeau ardent au ciel soir sera veu,
Près de la fin et principe du Rosne,
Famine, glaive, tard le secours pourveur,
La Perse tourne envahir Macédoine.

Antorcha ardiente en el cielo noche será vista,
Cerca del fin y principio del Ródano,
Hambre, espada, tarde el socorro previsto,
Persia vuelve a invadir Macedonia.

Un cometa aparecerá por la noche en el cielo y será visible de Suiza al Mediterráneo, cuando reinen el hambre y la guerra; el socorro llegará muy tarde e Irán invadirá Macedonia. Cuando en la actualidad vemos a Macedonia implicada en el conflicto de la ex Yugoslavia, no es irracional imaginar que la cuestión balcánica encone las tensiones entre Grecia y Turquía y que, luego, Irán, que tiene intereses en la región, intervenga. Recordemos que la Unión Europea ha reconocido la Macedonia ex yugoslava como país independiente con el nombre de República de Skopje, mientras Grecia considera que el nombre de Macedonia (referencia a Filipo y a su hijo Alejandro) es y debe seguir siendo helénico, y que su capital es Tesalónica.

I, 16

Faux à Estang, joinct vers le Sagittaire,
En son hault auge et exaltation,
Peste, famine, mort de main militaire,
Le siècle approche de rénovation.

Guadaña en el Estanque, unido hacia el Sagitario,
En su alto auge y exaltación,
Peste, hambre, muerte por mano militar,
El siglo se acerca a renovación.

Esta cuarteta da precisiones astronómicas interesantes para situar la época de los acontecimientos descritos. Pero exige ciertas explicaciones sobre las palabras codificadas por Nostradamus. La guadaña es, junto con el reloj de arena, uno de los atributos de Saturno. Los jeroglíficos del planeta Saturno son una guadaña coronada por una cruz. La palabra estanque designa aquí la constelación de Escorpio. En efecto, este signo de agua fija representa el agua inmóvil. En francés antiguo, la palabra auge era sinónimo de «ápside», que constituye las extremidades del gran eje de la elipse descrita por un planeta alrededor del sol. El ápside más alejado del sol se llama afelio o ápside superior («alto auge»); el más cercano se llama ápside inferior o perihelio. Por lo que a la palabra exaltación se refiere, en astronomía designa una divinidad planetaria que acentúa para bien o para mal, según su naturaleza, los presagios aportados por un planeta en la interpretación de un horóscopo. Aquí, pues, Saturno en el perihelio y en exaltación en Escorpio.

La multiplicación de sectas

En el número 4.957 de abril de 1992 del *Quotidien du médecin* podía leerse, de la pluma de Philippe Roy: «Todo se viene abajo. La familia se hace pedazos. La escuela renuncia. Las ciudades se convierten en arrabales fríos, deshumanizados. El individuo se encierra en sí mismo. Dinero, sólo dinero, con su cortejo de excluidos, de abandonados. Para las aproximadamente 250 sectas de Francia, que reúnen quinientas mil personas, semejante contexto vale su peso en oro». He aquí una descripción de fin de civilización. Las sectas son uno de sus síntomas más llamativos. Nostradamus no podía ignorar el fenómeno. Le consagró, pues, varias cuartetas que nos hacen pensar que verdaderamente «vio», entre otros, los monumentos del Mandarom en Castellane, en los Alpes-de-Provence.

En Estados Unidos existen más de seiscientas sectas, casi cuatrocientas sólo en Berlín, ciento treinta en Rusia; la iglesia de la cienciología tiene trescientos mil miembros en Alemania; las sectas parecen haber reclutado ya diez mil fieles en Hungría. Toda la civilización cristiana está afectada por este pulular, incluso Japón, donde han visto ya el horror y el terror provocados por la secta que arrojó un gas mortal en el metro de Tokio.

I, 45

Secteur de sectes grand peine au délateur,
Beste en theatre, dresse le jeu scenique,
Du faict antique ennobly l'inventeur,
Par secte monde confus et schismatique.

Sector de sectas gran pena al delator,
Bestia en teatro, organiza el juego escénico,
Del hecho antiguo ennoblecido el inventor,
Por secta mundo confundido y cismático.

El acoso (latín: *sector*, «perseguir») a las sectas producirá gran pena al acusador (latín: *delator*). Gente estúpida reunida (latín: *theatrum*, «reunión») organiza la puesta en escena (juegos escénicos, representaciones teatrales entre los romanos). El autor (de esta puesta en escena; latín: *inventor*, «autor») se oculta tras acciones virtuosas. La confusión y los cismas se instalarán en el mundo a causa de las sectas.

Nostradamus utiliza en esta cuarteta, como en VII, 14, más adelante, la palabra secta para el conjunto de las sectas, por sinécdoque. Puede pensarse que también vio las inmensas reuniones de fieles de las sectas, como el congreso mundial de los Testigos de Jehová, que reunió ochenta mil personas en Varsovia, en 1989.

I, 55

Sous l'opposite climat babylonique,
Grande de sang sera effusion,
Que terre & mer ciel sera inique,
Sectes, faim, regnes, peste, confusion.

Bajo el opuesto clima babilónico,
Grande de sangre será efusión,
Que tierra y mar cielo será inicuo,
Sectas, hambre, reinos, peste, confusión.

En la región (francés antiguo: *climat*, «región») opuesta a Irak (es decir, Irán) habrá una gran efusión de sangre, hasta el punto de que (la guerra) en la tierra como en el mar y en el aire será desfavorable (francés antiguo: *inique*, «desfavorable»), y ello en la época de las sectas, del hambre; en los países se conocerán la epidemia y la confusión.

La guerra entre Irak e Irán comenzó el 23 de septiembre de 1980 y terminó el 15 de agosto de 1990, tras diez años de una carnicería que causó centenares de miles de muertos en ambos bandos. El año 1980 corresponde a la aparición del sida.

VII, 14

Faux exposer viendra topographie,
Seront les cruches des monuments ouvertes:
Pulluler secte faincte philosophie,
Pour blanches, noires & pour antiques vertes.

Falso exponer vendrá topografía,
Serán los cántaros monumentos abiertos:
Pulular secta fingida filosofía,
Por blancas, negras y por antiguas verdes.

La falsedad será puesta al desnudo por la visita al lugar; se descubrirán (*abiertos* por «descubiertos», por aféresis) monumentos en forma de cántaros. Las sectas pulularán por falsas filosofías, ya sean de (magia) blanca, negra o islámicas (integrismo; el verde es el color del islam, el emblema de la salvación).

¿Quién no ha visto en la prensa las fotografías de los templos del Mandarom con sus techos en forma de cántaros boca abajo? En la revista *Challenges économiques* de enero de 1993, podía leerse: «El *paseante* que merodea por el carrascal descubre, estupefacto, la "ciudad santa de Mandarom", una decena de templos (*monumentos*) a la gloria del Loto de oro, flanqueados por gigantescas estatuas de 30 metros de alto con la efigie de Buda y de Hamsh Manarah, alias Gilbert Bourdin». Es comprensible que Nostradamus se haya fijado en esta secta implantada en su Provenza natal.

PRESAGIO 118

Aux plus grands morts, jacture d'honneur & violence,
Proffesseurs de la foy, leur estat & leur secte:
Aux deux grands Eglises divers bruits, decadence,
Maux voisins querellans serfs d'Eglise sans teste.

A los mayores muertos, echura de honor y violencia,
Profesores de la fe, su estado y su secta:
A las dos grandes Iglesias distintos ruidos, decadencia,
Males vecinos querellantes siervos de Iglesia sin texto.

Los profesores de la fe célebres y muertos (¿monseñor Lefebvre y monseñor Gaillot?) perderán su honor, su energía, su estado (eclesiástico) y su secta: tumultos y decadencias alcanzarán las dos grandes iglesias (católica y protestante), a causa de malos fieles que se querellarán con los servidores de la Iglesia, sin (tener en cuenta) los Evangelios (en francés antiguo, *teste* es el libro de los Evangelios).

La palabra violencia se utiliza aquí en el sentido de *energía de carácter* refiriéndose a la frase del Evangelio de Mateo (XI, 12): «El reino del cielo sufre violencia, y los violentos lo arrebatan», lo que significa: sólo desplegando gran energía de carácter se puede ganar el cielo.

Las iglesias católica y protestante se alarman por el ascenso y la multiplicación de las sectas. En *Le Monde* del 12 de octubre de 1991, con ocasión del viaje de Juan Pablo II al Brasil, se decía que «el desarrollo de los movimientos religiosos paralelos –considerados a me-

79

nudo como sectas– inquieta hasta a las iglesias protestantes, de las
que a menudo afirman ser una de ellas».

Pulluler peste. Les sectes s'entrebattre,
Temps modéré, l'hiver peu de retour:
De messe et presche grievement foy debattre,
Inonder fleuves, maux mortels tout autour.

Pulular peste. Las sectas combatirse,
Tiempo moderado, el invierno poco regreso:
De misa y casi gravemente fe debatir,
Inundar ríos, males mortales alrededor.

Mientras una epidemia (¿sida?) se extienda, las sectas combatirán
entre sí. La temperatura será suave al igual que el invierno: se debatirán los perjuicios (francés antiguo: *grieve*, «perjuicio») causados a la
fe en la misa y los sermones, mientras los ríos inunden, con desgracias y muertos alrededor.

El invierno de 1995 fue especialmente suave y lluvioso en el centro de Europa. La mitad norte de Francia, Bélgica y Holanda conocieron inundaciones. Se batieron todos los récords de pluviometría
desde que se realizan mediciones. Ríos como el Sena o el Rin se salieron de madre. Los daños fueron considerables, y hubo víctimas
mortales.

La destitución de monseñor Gaillot fue motivo de manifestaciones,
debates y prédicas en las iglesias. ¿Acaso monseñor Gaillot no celebró su última *misa* en la catedral de Evreux, el 22 de enero de 1995?
El comunicado que le arrebataba el obispado de Evreux precisaba
que el obispo «no respetaba sus compromisos en algunos puntos re-
lativos a *la fe*, al magisterio de San Pedro y a la disciplina canónica».
Finalmente, monseñor Lustiger advirtió: «Vemos, desde hace diez
años, a Jacques Gaillot sumiéndose en un camino *sectario*».

La guerra en Yugoslavia

En 1980, en *Nostradamus, historiador y profeta*, podía leerse como
título de la cuarteta 32 de la centuria II: «Yugoslavia entregada a las

matanzas». Forzoso es reconocer que en aquella época era imposible prever «racionalmente» la situación actual en la ex Yugoslavia. He aquí, pues, la cuarteta de donde se extrajo una profecía sorprendente por aquel entonces:

Lait, sang grenouilles escoudre en Dalmatie,
Conflict donné, peste près de Balennes,
Cri sera grand par toute Esclavonie,
Lors naîtra monstre près et dedans Ravenne.

Leche, sangre ranas corre en Dalmacia,
Conflicto dado, peste junto a Ballenstedt,
Grito será grande en toda Esclavonia,
Entonces nacerá monstruo cerca y dentro de Ravena.

De buenas a primeras, este texto ha de parecer muy abstruso. Como la mayoría de escritos proféticos de Nostradamus, éste requiere un trabajo de investigación minucioso para conseguir aclararlo y transcribirlo en lengua moderna. He aquí su traducción: tras la buena vida (*leche*, símbolo de agrado utilizado siete veces por Nostradamus), la sangre del pueblo correrá en Yugoslavia (las *ranas*, nos lo dice el diccionario, representan todos los pueblos de la historia y también a la buena gente que no está contenta con su situación). Cuando el conflicto haya estallado habrá una peste cerca de Ballenstedt (Balennes, afrancesamiento y reducción por apócope del nombre de una pequeña ciudad de la ex RDA); entonces, el grito (del pueblo) será grande en toda Esclavonia (antigua provincia del Imperio austrohúngaro cuyo comitat de Sirmia tenía como capital Vukovar, ciudad que ha sido destruida en su ochenta por ciento). Luego se verá una calamidad cerca y dentro de Ravena.

Recordemos en principio que la guerra de Yugoslavia comenzó efectivamente en la costa dálmata, con el bloqueo y el bombardeo de las ciudades de Dubrovnik (la antigua Ragusa), Zadar y Pula. La traducción, realizada en 1980, de Balennes por Ballenstedt (pequeña ciudad de la ex RDA) se debe a dos razones: en primer lugar Nostradamus indicó que había colocado en su texto, como puntos de orientación, nombres de lugar, luego la expresión «cerca de» indica que se trata efectivamente de un nombre geográfico. Pero ¿qué relación tienen Ballenstedt con la situación en los Balcanes? *Le Monde* del martes 15 de septiembre de 1992, refiriéndose a violencias racistas en la ex RDA, decía que los enfrentamientos más graves se habían producido «en Quedlingburg, en Sajonia-Anhalt, una vieja ciudad histórica que fue sede del Sacro Imperio romano germánico a comienzos del milenio y que conoció cierto renacimiento bajo el Tercer Reich». La ciudad de Quedlingburg está a unos doce kilómetros de Ballenstedt (cerca de, escribía Nostradamus). Estas violencias obligaron a las autoridades de la ciudad a cerrar el asilo para inmigrantes que había sido objeto de los ataques de los extremistas.

Es frecuente ver que Nostradamus une en una misma cuarteta acontecimientos contemporáneos que se producen en lugares distintos y no tienen, aparentemente, relación alguna entre sí. Con respecto a los gritos del pueblo de Esclavonia, nadie ha olvidado las imágenes televisivas de la ciudad mártir de Vukovar. Finalmente, por lo que se refiere a Ravena, la radio nos comunicaba, el domingo 20 de septiembre de 1992, que una manifestación racista violenta de los neofascistas acababa de celebrarse en Ravena. ¿Qué argucias encontrarán los detractores de Nostradamus para afirmar que no hay ahí precisiones, *a minima*, más que turbadoras?

El asunto de los Balcanes está muy lejos de haber concluido. No ha hecho más que comenzar. Veamos, pues, las demás cuartetas de Nostradamus que se refieren a esta dramática situación:

IX, 60

Conflict Barbare en la Cornere Noire,
Sang espandu trembler la Dalmatie,
Grand Ismael mettra son promontoire,
Ranes trembler, secours lusitanie.

Conflicto Bárbaro en la Esquina Negra,
Sangre derramada temblar Dalmacia,
Gran Ismael pondrá su promontorio,
Ranas temblar, auxilio lusitano.

Un conflicto será provocado por los musulmanes en Estambul y en el mar Negro (Nostradamus ha hecho una reducción que le es habitual, uniendo las palabras Cuerno de Oro, barrio de Estambul, y mar Negro). La sangre será derramada en Yugoslavia que temblará (bajo los bombardeos). Recordemos que en el siglo XVI, Ismael I fundó en Persia la dinastía de los safawíes. Nostradamus designa, pues, con este apelativo al jefe del Estado en Irán. Ahora bien, en septiembre de 1992 hubo en Teherán una manifestación de apoyo a los musulmanes de Bosnia. El 15, con el título «El hermano mayor turco de los musulmanes de Bosnia», el diario *Libération* nos recordaba que «más de cuatro millones de musulmanes descendientes de emigrados de los Balcanes viven en Estambul, adonde siguen llegando refugiados bosnios, reforzando una comunidad que presiona a las autoridades para que intervengan en Sarajevo». Esta cuarteta nos muestra la inconsciencia de los europeos al permitir que siga incubándose un incendio que debería extinguirse. Nostradamus concluye su cuarteta indicándonos que el auxilio llegará de Portugal, cuyo antiguo nombre era Lusitania. ¿Se trata de una conferencia o de un próximo acontecimiento? Es demasiado pronto para saberlo pues, como sucede a menudo, Nostradamus reúne en un mismo texto acontecimientos que se desarrollan en tiempos y espacios distintos. Como en la cuarteta precedente, Nostradamus utiliza la palabra rana para indicar que la sangre que se vierte es la sangre del pueblo (en latín, como en español, la palabra rana corresponde al francés *grenouille*; cf. II, 32).

II, 84

Entre Campaigne, Sienne, Flora, Tuscie,
Six mois neufs jours ne pleuvra une goutte,
L'estrange langue en terre Dalmatie,
Courira sus, vastant la terre toute.

Entre Campania, Siena, Flora, Tuscia,
Seis meses nueve días no lloverá una gota,
La extranjera lengua en tierra Dalmacia,
Correrá por encima, devastando toda la tierra.

Entre Campania (Nápoles), Toscana (Siena y Florencia) y Umbría (Tuscia comprendía Etruria y Umbría) no lloverá durante seis meses y nueve días. Se oirá hablar una lengua extranjera (¿árabe?) en Dalmacia; estos extranjeros la ocuparán y devastarán la tierra. Es muy pronto todavía para decir qué lengua extranjera se escuchará en Dalmacia: ¿árabe, ruso, chino?

Au port de PUOLA et de Saint-Nicolas,
Péril Normande au goulfre Phanatique,
Cap. de Bisance rues crier hélas,
Secours de Gaddes et du grand Philippique.

En el puerto de PUOLA y de San Nicolás,
Peligro Normando en el golfo Fanático,
Cap. de Bizancio calles gritar lamento,
Auxilio de Gades y del gran Filípico.

En el puerto de Pula (el antiguo nombre de este puerto dálmata
es Palou, con el que Nostradamus ha hecho un anagrama) y en Venecia (San Nicolás es un barrio de Venecia), el peligro procederá de
hombres del norte (¿alemanes que están al norte de Dalmacia o rusos cuyo país ocupa todo el hemisferio norte europeo y asiático?).
En el golfo de Kvarner, cuyo antiguo nombre es golfo Flanático,
hundimiento del Adriático entre Iliria e Istria (hay aquí una falta de
tipografía: *h* en vez de *l* en Flanático). Se oirá gritar en las calles
de la capital Estambul, luego el auxilio procederá de Cádiz (cuyo
antiguo nombre es Gades) y del rey de España. Nostradamus designa aquí a Juan Carlos I, descendiente directo de Felipe V de España; añadió la terminación *-ico* por necesidades de la rima. Esta cuarteta se sitúa, sin duda, posteriormente a 1998. Estos socorros de
Portugal y España dan una gran importancia futura a la península
Ibérica.

VIII, 83

Le plus grand voile hors du port de Zara
Près de Bisance fera son entreprise:
D'ennemy perte et l'ami ne sera,
Le tiers à deux fera grand pille et prise.

La mayor vela fuera del puerto de Zara
Cerca de Bizancio hará su empresa:
De enemigo pérdida y el amigo no será,
El tercio a dos hará gran pillaje y presa.

La mayor flota (o flota aérea; Nostradamus utiliza la palabra vela para designar los aviones cuyos primeros modelos eran de lona) saldrá del puerto de Zadar, cuyo antiguo nombre era Zara, lanzará su operación cerca de Estambul y provocará una gran pérdida a sus enemigos. Recordemos que la guerra de Yugoslavia comenzó en Dalmacia con el bloqueo y el bombardeo por la flota federal de los puertos de Zadar y Pula así como el de Dubrovnik. El tercio (de Yugoslavia) hará grandes daños y pillaje a los otros dos tercios (¡Serbia representa aproximadamente el tercio de la ex Yugoslavia!). Nostradamus añade en la siguiente cuarteta que nadie será capaz de extinguir el incendio:

IV, 82

Amas s'approche venant d'Esclavonie,
L'Olestant vieux cité ruinera:
Fort désolée verra sa Romanie,
Puis la grand flamme éteindre ne sçaura.

Montón se acerca viniendo de Esclavonia,
El Olestante vieja ciudad arruinará:
Muy desolada verá su Romanía,
Luego la gran llama extinguir no sabrá.

Ejércitos procedentes de Croacia (antaño Esclavonia) se acercan. El destructor (Olestante procede de una palabra griega ολεσται, *olestai*, que significa «hacer perecer») arruinará una vieja ciudad. Bosnia se verá muy desolada (*Romania planina* es el antiguo nombre de la cadena de montañas que domina Sarajevo), luego no se sabrá apagar el incendio de la guerra.

Recordemos que una de las ciudades principales de Esclavonia es Vukovar y que, después de su destrucción, el ejército federal serbio se instaló en las montañas que dominan Sarajevo para bombardear y sitiar esta ciudad cuyo antiguo nombre era Bosna-Serai. ¿Será este destructor el general Ratko Mladic? En un número especial de noviembre de 1992 de *Libération*, dedicado a Sarajevo, bajo el título «Ratko Mladic, la brutalidad», puede leerse: «El hombre que había amenazado con arrasar el puerto de Split es perseguido por Croacia por genocidio contra los civiles en varios pueblos del interior dálmata...». En mayo de 1992, este general era nombrado comandante en jefe de las fuerzas serbias de Bosnia. Por lo que se refiere a esta guerra que se eterniza, comprobamos con cierto espanto que ni la Europa de los Quince, ni Estados Unidos, ni la ONU son capaces de acabar con ella.

El fuego está incubándose...

Una epidemia: ¿sida u otra?

En varias cuartetas que hemos comentado precedentemente, la palabra peste aparece asociada a hambre. ¿Será esta epidemia la del sida o, peor aún, de un mutante del virus agente de esta enfermedad, cuyo modo de transmisión sería idéntico al de la gripe? Esta hipótesis es contemplada en la película *Estallido*, terrorífica película con Dustin Hoffman y Donald Sutherland, y en la que el agente responsable de la epidemia es el mutante imprevisto de un arma bacteriológica probada por el Pentágono, en 1967, en Congo Kinshasa. Una cuarteta de Nostradamus podría sugerir el guión de esta película, con su punto de partida en Italia:

IV, 48

Planure Ausonne fertile, spatieuse,
Produira taons si tant de sauterelles,
Clarté solaire deviendra nubileuse,
Ronger le tout grand peste venir d'elles.

Llanura Ausonia fértil, espaciosa,
Producirá tábanos y tantos saltamontes,
Claridad solar se hará neblinosa,
Roer todo gran peste venir de ellas.

Planure es el afrancesamiento de *planura*, que en latín significa «llanura». Ausonia es el antiguo nombre de Italia. La gran llanura rica de Italia es el valle del Po. Los tábanos y los saltamontes representan en varias cuartetas las armas aéreas (aviones y cohetes). Producir viene de *producere*, que en latín significa «conducir, llevar».

A la llanura fértil y espaciosa de Italia, se llevará tan gran cantidad de cohetes y aviones que la claridad del sol estará como cubierta de nubes. Una epidemia procederá de estas armas y lo corroerá todo.

Como en ocasiones precedentes, la siguiente cuarteta reúne varios signos precursores: la crisis económica, el hambre, la guerra (ex Yugoslavia), las matanzas (depuración étnica, terrorismo, Ruanda, etc.) y una epidemia.

VIII, 17

Les bien aisez subit seront desmis,
Le monde mis par trois freres en trouble,
Cité marine saisiront ennemis,
Faim, feu, sang, peste & de tous maux le double.

Los bien acomodados súbito serán despojados,
El mundo puesto en turbación por tres hermanos,
Ciudad marina tomarán enemigos,
Hambre, fuego, sangre, peste y de todos males el doble.

En francés antiguo *desmetre* significa «despojar». Los ricos serán súbitamente despojados. El mundo será turbado por tres hermanos (¿tres países islámicos?) y los enemigos se apoderarán de la ciudad marina (¿Marsella? Véanse más adelante las numerosas cuartetas referentes a esta ciudad). Se conocerán entonces el hambre, la guerra, las matanzas, la epidemia, y además el doble de todos estos males.

VIII, 84

Paterne aura de la Sicile crie,
Tous les aprest du goulphre de Trieste:
Qui s'entendra jusqu'à la Trinacrie,
De tant de voiles fuy, fuy l'horrible peste.

Paterno tendrá de Sicilia grito,
Todos los aprestos del golfo Trieste:
Que se oirá hasta en Trinacria,
De tantas velas huye, huye la horrible peste.

En francés antiguo *paterne* significa «padre», hablando de Dios; *apreste* significa «preparativo». Trinacria es el antiguo nombre de Sicilia. Velas se utiliza para aviones o barcos.

Dios tendrá los gritos de Sicilia a causa de los preparativos del golfo de Trieste (mar Adriático) que se oirán hasta en Sicilia. De tantos aviones huid, huid de la epidemia.

PRESAGIO 27 mayo

La mer Tyrrhene de differente voile.
Par l'Océan seront divers assaults:
Peste, poison, sang en maison de toile,
Presults, Legats esmeus marcher mer haut.

El mar Tirreno de diferente vela.
Por el Océano serán distintos asaltos:
Peste, veneno, sangre en casa de tela,
Presultos, Legados movidos marchar mar arriba.

Presults consta en vez de *présulats*, que en francés antiguo significa «consejo, asamblea de jefes».

A causa de varios aviones y barcos en el mar Tirreno, del océano Atlántico vendrán varios ataques, la gente alcanzada por la epidemia, el veneno (¿gas?) o heridos estarán en tiendas (hospitales militares de campaña).

En la *Carta a Enrique, rey de Francia segundo*, Nostradamus escribe acerca del conflicto por venir y de las persecuciones contra los cristianos: «Entonces se hará a las Iglesias más persecuciones de las que nunca fueron hechas. Y con estos hechos se iniciará una tan gran pestilencia que más de los dos tercios de la humanidad perecerá. Hasta el punto de que no se conocerá ya al propietario de los campos y las casas y la hierba crecerá en las calles de las ciudades más alta que las rodillas».

3

Islam-cristiandad: trece siglos de enfrentamiento

CRONOLOGÍA (622-1995)

¿Cómo comprender los acontecimientos que sacuden los países occidentales cristianos y las naciones islámicas en el siglo XX, si no nos interesamos en la tumultuosa historia de estas dos civilizaciones durante los precedentes siglos? Por eso se encontrará a continuación un inventario de los incesantes enfrentamientos entre esas dos entidades culturales opuestas, desde la conquista de la Siria cristiana por los árabes, en 636, hasta nuestros días.

Algo más de una décima parte de las centurias de Nostradamus está consagrada a este tema, es decir, más de cien cuartetas, lo que demuestra la importancia de este problema cuya agudeza es más evidente cada día. La creación del Estado de Israel por las potencias cristianas, en 1948, ha profundizado un poco más el foso entre islam y cristiandad.

622	Año I de la Hégira. Comienzo del islam.
636	Conquista de Siria por los árabes.
626-638	Ocupación de Persia. Toma de Jerusalén y de Antioquía.
639-644	Conquista de Egipto.
647	Conquista de África del Norte hasta las marcas de las posesiones bizantinas.
646-666	Conquista de Armenia.
649	Toma de Chipre.
654	Toma de Rodas.

656	Nacimiento del chiísmo.
674-678	Sitio de Constantinopla por los árabes.
698	Toma de Cartago, ciudad bizantina.
709	Los árabes concluyen la conquista del Magreb y se apoderan de Ceuta.
711	El jefe árabe Tarik Ibn Ziyad desembarca en España y ocupa Córdoba y Toledo.
714	Los árabes toman Zaragoza y se adueñan de toda la península Ibérica.
719	Los árabes cruzan los Pirineos, se apoderan de Narbona y Carcasona, y saquean Autun.
721	Toma de Toulouse por los árabes.
732	Carlos Martel derrota a un pequeño ejército árabe en Poitiers, señalando así el final de la invencibilidad árabe.
740	Levantamiento general del Magreb beréber contra el ocupante; árabes y sirios ahogan en sangre la revuelta aunque sólo terminan con ella en 761.
746	Constantino V, emperador de Bizancio, invade Siria y recupera Chipre.
751	Pipino el Breve emprende la conquista de Septimania (Languedoc) y la une al Imperio franco.
758	Derrota de los francos en Roncesvalles.
759	Pipino el Breve recupera Narbona y expulsa a los árabes del Bajo Languedoc.
791	Alfonso II, rey de Asturias, toma Lisboa a los moros.
793	Los árabes son expulsados de Corbières.
800	Los musulmanes de Túnez invaden Sicilia.
807	Harun al-Rashid reconoce los derechos de los francos sobre los Lugares Santos.
808	Expediciones sarracenas por las campiñas romana y napolitana.
809	Saqueo de Córcega y Cerdeña.
813	Saqueo de Niza.
827	Bernardo de Septimania derrota a los musulmanes ante Barcelona.
828	Los sarracenos saquean Arles.
836	Los sarracenos saquean Marsella.
840	Los árabes toman Bari, recuperada por los emperadores griegos el año siguiente.

842	Toma de Mesina y Tarento por los árabes.
846	Expediciones sarracenas contra Roma.
849	Expediciones sarracenas en Provenza.
872	Basilio I, emperador de Oriente, inicia una vasta campaña de reconquista contra el islam.
890	Los sarracenos se instalan en La Garde-Freinet (Var), y, desde este punto estratégico, dirigen expediciones a Suiza, hasta Valais.
902-1091	Ocupación de Sicilia por los musulmanes.
915	Saqueo y destrucción de Fréjus por los sarracenos.
939	Ramiro II, rey de León y de Asturias, derrota a los musulmanes en Simancas.
965-969	Nicéforo II Focas, emperador de Bizancio, recupera Cilicia (sureste de Asia Menor), Chipre y Siria de los musulmanes.
970	Juan I Tzimisces, emperador de Oriente, reconquista Palestina, excepto Jerusalén.
997	Al-Mansur guerrea contra los reinos cristianos y se apodera de Compostela.
1009	El califa Fatimi al-Hakim hace destruir el Santo Sepulcro.
1022	Los musulmanes son expulsados de Cerdeña con la ayuda de los genoveses y los pisanos.
1029	Sancho III, rey de Navarra, se apodera de Castilla.
1037	Juan, hermano del emperador de Oriente Miguel IV, obtiene, por medio de negociaciones, la restauración del Santo Sepulcro.
1047	Saqueo del monasterio de Lérins (costa varense) por los sarracenos.
1064	Cruzada borgoñona contra los moros en España. Ani, capital bizantina de Armenia, es destruida por los turcos seléucidas.
1071	Los griegos son expulsados de Anatolia por los turcos.
1072	Alfonso VI, rey de Castilla, toma Toledo a los moros.
1086	Alfonso VI, rey de Castilla, es derrotado por los almorávides procedentes de Marruecos.
1091	Los árabes son expulsados de Sicilia.
1095	El concilio de Clermont decide la primera cruzada. Durante este concilio, el papa Urbano II lanza una llamada a la guerra santa para liberar los Lugares Santos.

1099	Toma de Jerusalén por los cruzados, que masacran a los musulmanes y... a los judíos.
1100	Balduino I, hermano de Godofredo de Bouillon, se convierte en rey de Jerusalén.
1118	Alfonso I, rey de Aragón y de Navarra, toma Zaragoza a los moros.
1124	Primeras colonias venecianas en Palestina.
1130	Roger, rey de Sicilia, ocupa las costas de África del Norte, desde Trípoli a Annaba.
1146	Segunda cruzada en Palestina.
1161	Salah ad-Din (Saladino, en Occidente) se apodera de Siria.
1173	El ejército de Manuel I, emperador de Bizancio, es aplastado en Anatolia.
1187	Salah ad-Din toma Jerusalén a los francos.
1189-1192	Tercera cruzada para liberar Jerusalén; fracaso.
1202-1204	Cuarta cruzada.
1212	Las tropas musulmanas son derrotadas por los reyes de Castilla, de Aragón y de Navarra.
1219-1221	Cruzada contra los sarracenos en Egipto.
1227-1229	Sexta cruzada. El emperador de Alemania, Federico I Barbarroja, consigue que le entreguen Jerusalén sin combatir y se proclama «rey de Jerusalén».
1248	Séptima cruzada. Luis IX (san Luis) embarca en Aygues-Mortes hacia Egipto.
1250	Luis IX, derrotado, es hecho prisionero.
1260	Los mamelucos de Egipto expulsan a los francos de Siria.
1262	Toma de Cádiz. Sólo el reino de Granada sigue siendo musulmán.
1270	Octava cruzada. Luis IX se embarca hacia Túnez con sus tres hijos y el príncipe Eduardo de Inglaterra. Muere apenas llegado a Tierra Santa.
1281-1284	Guerra santa de los otomanos contra el Imperio bizantino.
1291	Los francos pierden Tiro, Sidón (Saida) y Beirut. Fin de los Estados cruzados.
1326	Conquista de Anatolia por los otomanos.
1359	Murad I derrota a los bizantinos, los búlgaros y los serbios.

1383	Los otomanos toman Tesalónica.
1389	Bayaceto, sultán otomano, se apodera de Atenas y del Peloponeso (Morea).
1396	Bulgaria es sometida por los turcos.
1434	Cristianización de Etiopía.
1444	El húngaro Juan Hunyadi y el rey de Polonia Ladislao III son derrotados en Varna, Bulgaria, por el sultán Murad II.
1453	Toma de Constantinopla por Mehmet II. Fin del Imperio cristiano de Oriente.
1479	Los venecianos son derrotados en Grecia por los otomanos.
1492	Fernando II, rey de Aragón, toma Granada y concluye así la Reconquista.
1521	Solimán el Magnífico toma Belgrado.
1522	Solimán el Magnífico ocupa Rodas.
1526	Solimán el Magnífico derrota a Luis II, rey de Hungría, e incendia Buda.
1529	Solimán el Magnífico sitia Viena.
1535	Carlos V se apodera de Túnez.
1565	Los otomanos sitian Malta.
1568	El sultán Selim II firma la paz con Maximiliano de Austria.
1571	Selim II, tras haberse apoderado de Chipre, es derrotado en Lepanto por don Juan de Austria.
1574	Selim II recupera Túnez de los españoles.
1595-1600	Los turcos son expulsados de Valaquia, Moldavia (Rumania) y de Transilvania (Hungría).
1603	El sultán Ahmed II se alía con los húngaros contra el emperador Rodolfo y le impone la paz de Viena.
1610	Expulsión de los 300.000 moros de España.
1664	Derrota otomana en San Gotardo (Hungría) por el emperador Leopoldo I, con la ayuda de un cuerpo expedicionario francés.
1671	Las potencias occidentales deben pagar tributo al dey de Argel para circular libremente por el Mediterráneo, en manos de los temibles corsarios berberiscos.
1672	Mulay Ismail reconquista Tánger de los ingleses.
1677	Juan III Sobieski, rey de Polonia, derrota a los turcos en Chocin.

1683	Sitio de Viena por los turcos. Los ejércitos de Juan Sobieski, rey de Polonia, y de Carlos V, duque de Lorena, llegados como refuerzo, salvan la ciudad.
1699	El ejército turco es derrotado en Zentha (Hungría). Importante retroceso del Imperio otomano en Europa en beneficio de Hungría, Polonia y Rusia.
1710	Guerra entre Rusia y el Imperio otomano.
1736-1738	Guerra entre Turquía y Rusia. Rusia ocupa Crimea.
1770	La flota rusa aniquila a la otomana cerca de Esmirna. Levantamiento en Grecia contra el ocupante turco.
1787-1788	Guerra de Turquía contra Rusia y Austria.
1798-1799	Expedición francesa de Bonaparte a Egipto.
1804	Guerra ruso-persa. Los rusos se anexionan Georgia, el Daghestan y Bakú.
1806	Guerra ruso-turca. Rusia se anexiona Besarabia.
1821-1829	Guerra de independencia de Grecia.
1822	Matanzas de Quío y Trípoli.
1827	La flota franco-anglo-rusa aniquila la flota turca en Navarino.
1828	Los ejércitos rusos invaden Turquía.
1830	Un cuerpo expedicionario francés ocupa Argel.
1831	El ejército francés se apodera de Orán.
1837	Toma de Constantina (Argelia) por los franceses.
1839	Matanza de europeos en Mitidja (departamento de Argel).
1847-1857	Conquista total de Argelia y derrota de los ejércitos marroquíes.
1859	Los ejércitos del sultán de Marruecos Mohamed IV son aplastados por los españoles.
1879	Ocupación de Kabul (Afganistán) por los ingleses.
1881	Protectorado francés en Túnez.
1852	Revuelta en Egipto contra los franceses y los ingleses. Ocupación del país.
1894-1896	Matanza de armenios por los turcos.
1906	Reconocimiento de la conferencia de Algeciras de los «derechos especiales» invocados por Francia sobre Marruecos. Intervención militar francesa en Fez.
1914	Los ingleses ocupan Basora, Bagdad y Kirkuk. Irak es sometido al mandato británico.

1915	Enfrentamiento anglo-turco en el canal de Suez. Los turcos matan un millón de armenios.
1916	Expedición franco-inglesa en los Dardanelos contra Turquía.
1917	Los ingleses toman Jerusalén, defendida por tropas germano-turcas.
1918	Ocupación de los estrechos de Constantinopla por las tropas franco-inglesas.
1919	El ejército griego desembarca en Esmirna y masacra a los turcos. Libia es conquistada por los italianos. Los ingleses son derrotados en Afganistán, que se hace independiente.
1920	Inglaterra cede a Francia un mandato sobre Siria y el Líbano.
1921	Los ingleses crean el Estado independiente de Transjordania.
1921-1926	Guerra del Rif (Marruecos). Los ejércitos francés y español aplastan las tropas de Abd el-Krim y capturan a éste.
1922	Los turcos masacran a los armenios en Esmirna.
1936	El ejército inglés evacua Egipto, excepto Suez.
1940-1945	Los ejércitos de los países europeos se enfrentan en tierra musulmana (Túnez, Libia, Egipto, Siria, Palestina).
1945	Tumultos en Sétif (Argelia). Matanza de un centenar de europeos. Como represalia, mueren 5.000 musulmanes. Fundación de la Liga Árabe: Egipto, Jordania, Siria, Irak, Líbano, Arabia Saudita y Yemen. Retirada de las tropas francesas e inglesas de Siria.
1947	Marruecos reivindica su independencia.
1952	Disturbios antibritánicos en El Cairo.
1954-1962	Guerra de independencia de Argelia.
1956	Independencia de Marruecos, que se adhiere a la Liga Árabe. Intervención armada de Israel, Francia y Gran Bretaña en Suez, tras la nacionalización del canal por Nasser.
1961	El ejército tunecino sitia Bizerta, ocupada por las tropas francesas.

1973	Guerra árabe-israelí del «Kippur». Los países árabes decretan el embargo petrolero contra los países de Occidente que ayudan a Israel.
1974	Desembarco de las tropas turcas en Chipre y ocupación del norte de la isla.
1976	El Airbus Tel Aviv-París es desviado por un comando palestino al despegar de Atenas hacia el aeropuerto de Entebbe (Uganda), con 258 pasajeros a bordo.
1977	Un pirata egipcio desvía un Airbus de la línea París-El Cairo hacia Brindisi (Italia).
1978	Disturbios en Irán contra el régimen del sha.
1979	Abdicación del sha de Irán e instauración de la República islámica.
	Ocupación de la embajada de Estados Unidos en Teherán.
	Operación militar americana de rescate que se salda con un fracaso.
	Intervención soviética en Afganistán.
1981	Tentativa de asesinato del papa Juan Pablo II en la plaza de San Pedro por el turco Ali Agça.
1982	Explosión de un coche bomba en la calle Marbeuf, en París. Francia expulsa a dos diplomáticos sirios.
	Explosión de un coche bomba ante la embajada de Francia en Beirut.
	Asesinato del presidente cristiano del Líbano, Bachir Gemayel.
	Matanza de palestinos por las Falanges cristianas en los campos de Sabra y Chatila, en el Líbano.
1983	Atentado contra las tropas francesas y americanas en Beirut, reivindicado por la «djihad islámica» (más de 300 muertos).
	Expedición americana contra las posiciones sirias y drusas al sur de Beirut.
	El ejército israelí evacua a los cristianos sitiados por los drusos.
	Explosión de un coche bomba contra la embajada de Estados Unidos en Beirut, con un balance de 80 muertos y 120 heridos.
	El Boeing 727 Viena-París es desviado hacia Ginebra, donde son liberados 36 de los 106 pasajeros. 60 son li-

berados en Catania (Sicilia). El avión aterriza al día siguiente en Damasco (Siria) y luego en el aeropuerto de Teherán. Tras tres días de negociaciones, los cinco piratas se rinden y obtienen asilo político en Irán.

Las tropas libias toman Faya-Largeau en el Chad. Francia envía un cuerpo expedicionario. En Irán, cierre del consulado de Francia en Ispahan y del Instituto cultural de Teherán.

Bombardeo por los sirios y los drusos de los barrios cristianos de Beirut.

La aviación francesa destruye los acantonamientos de las milicias pro-iraníes a las puertas de Baalbek.

1984   Atentado con explosivos contra el Centro cultural francés en Trípoli (Líbano).

Un Boeing 737 que vuela de Frankfurt a París con 62 pasajeros a bordo es desviado hacia Ginebra por un pirata del aire con pasaporte argelino que desea dirigirse a Trípoli. Es reducido por la policía suiza.

Bombardeo de los barrios cristianos de Beirut.

La marina americana bombardea las posiciones sirias en el Líbano.

Una escuadra turca ametralla una torpedera griega en el mar Egeo.

Un Boeing 737, de Frankfurt a París, con 58 pasajeros y 6 miembros de la tripulación a bordo, es desviado hacia Ginebra por tres piratas del aire que exigen la liberación de los cinco autores de la tentativa de asesinato en París contra el antiguo primer ministro del sha, Shapur Bakhtiar. El aparato aterriza en Beirut, en Larnaka (Chipre) y luego en Teherán. Los piratas hacen estallar la cabina del pilotaje tras haber liberado a sus rehenes y se rinden a las fuerzas del orden.

Las tropas francesas abandonan el Líbano.

Tiroteo en Londres ante la embajada de Libia (1 muerto y 10 heridos). En Trípoli, las tropas libias rodean la embajada de Gran Bretaña.

Se firma un tratado de amistad entre Malta y Libia.

1985   Atentado con explosivos contra los edificios ortodoxos en Trípoli (Líbano).

Dos diplomáticos franceses son raptados en Beirut.
La explosión de una bomba en un restaurante de Madrid frecuentado por los americanos causa 18 muertos. El atentado es reivindicado por la «djihad islámica».
Dos franceses, un periodista y un investigador, son raptados en Beirut.
Asesinato de dos observadores franceses de la fuerza de interposición en Beirut.
Reivindicación, en Saida, de una República islámica por los extremistas chiítas.
La «djihad islámica» rapta en el Líbano a un jesuita neerlandés, que será asesinado, dos británicos, un americano, el vicecónsul de Francia, un agregado de la embajada de Francia y su hija, el director del Centro cultural francés de Trípoli y un oficial italiano.
Palestinos y milicias musulmanas se apoderan de las últimas posiciones cristianas en torno a Saida y en los aledaños del Chouf. El pueblo católico de Aarba es destruido por las milicias drusas. Un comando chiíta secuestra en Atenas un Boeing 727 de la TWA. Los 97 pasajeros y miembros de la tripulación son tomados como rehenes y liberados más tarde.
Un comando palestino se apodera del barco de crucero italiano *Achile Lauro* ante las costas egipcias y mata a un pasajero judío-americano.
Explosión de un coche bomba en el sector cristiano de Beirut: 22 muertos, 110 heridos.
Se disparan misiles libios contra aviones americanos de la VI flota. Quedan destruidas 4 lanchas libias, así como dos bases de misiles en Libia.
Secuestro por la «djihad islámica» de 4 periodistas franceses de Antenne 2.
Ejecución, por la «djihad islámica», de Michel Seurat.
Rapto en Beirut de un cámara británico.
Descubrimiento de los cuerpos de tres rehenes británicos en el Chouf (Líbano).
Tentativa libia de bombardear la isla italiana de Lampedusa.
Secuestro en Beirut de un maestro irlandés.

Explosión de una bomba a bordo de un Boeing 727 de la TWA, atentado reivindicado por las «células revolucionarias de Al Kassam».

Secuestro y asesinato de armenios en el Líbano.

Expulsados de Libia 36 diplomáticos europeos.

Secuestro en Beirut del francés Camille Sontag.

Operación policial en Auvers-sur-Oise. Expulsión de Massoud Radjavi, jefe de los «muyahidines del pueblo», que se refugia en Irak.

Atentado en el sector musulmán de Beirut: 22 muertos, 163 heridos.

Atentado con coche bomba en el sector cristiano de Beirut: 35 muertos, 140 heridos.

Explosión de un coche bomba en el sector cristiano de Beirut: 15 muertos, 40 heridos.

Escaramuza en el sur del Líbano entre soldados franceses de la Finul y milicias chiítas de «Amal».

Detención en Francia de 14 naturales de Oriente Próximo vinculados al PC libanés y al FPLP.

Tres soldados franceses de la Finul mueren y uno resulta herido en el Líbano.

Francia lanza en paracaídas carburante, víveres y municiones sobre el Tibesti, para los soldados de Goukouni Oueddei que combaten contra las tropas libias.

1987   Secuestro en el Líbano de un periodista francés, René Auque, dos alemanes, dos libaneses de origen armenio y, luego, tres americanos.

Ataque iraní en el golfo Pérsico contra un navío soviético.

Los aviones de caza iraníes atacan en el golfo Pérsico a la fragata americana *Stark*: 38 muertos y desaparecidos.

Secuestro de un diplomático británico en Teherán y, luego, del periodista americano Charles Glass en Beirut-Oeste.

Ataque entre Kuwait y Bahreim del portacontenedores francés *Ville d'Anvers* por dos lanchas iraníes.

Ruptura de relaciones diplomáticas entre Francia e Irán.

Desfile armado del Hezbollah por el arrabal sur de Beirut, al grito de: «Mueran Estados Unidos y Francia».

Estados Unidos envía al golfo Pérsico lanchas rápidas, el acorazado *Missouri* y el portahelicópteros *Guadalcanal*.
Un navío iraní es ametrallado por helicópteros americanos mientras colocaba minas.
Un petrolero americano es tocado, en aguas kuwaitíes, por un misil iraní.
Ataque americano contra dos plataformas petroleras iraníes convertidas en bases militares.
Dos gendarmes franceses muertos y otro herido en los barrios cristianos de Beirut.

1988   Asesinato, en Beirut-Oeste, de un agente francés de la DGSE que investigaba el asesinato de otro francés.
Secuestro, en el sur de Saida, de dos funcionarios de las Naciones Unidas, uno sueco y otro noruego.
Secuestro en el Líbano de un oficial americano de la ONU.
Secuestro en el Líbano del director para el Próximo Oriente de la organización caritativa británica OXFAM.
Seis navíos de la flota americana bombardean las plataformas petroleras iraníes de Sirri y de Sassan, y hunden tres fragatas iraníes. Expulsión de Francia del hombre de negocios sirio Omrane Adham.
El crucero americano *USS Vincennes* derriba un Airbus civil iraní: 290 muertos.
Secuestro en Saida de un miembro suizo de la Cruz Roja.

1989   Decimoquinto año de guerra en el Líbano entre cristianos y musulmanes.
Dos Mig-23 libios son abatidos por dos F-14 americanos sobre el Mediterráneo.
El parlamento iraní vota la ruptura de relaciones diplomáticas con Londres.
Evacuación al norte de Beirut de catorce heridos cristianos a bordo del barco-hospital francés *La Rance*.
El presidente del parlamento iraní, Hachemi Rafsandjani, incita a los palestinos a «matar americanos, británicos o franceses, y a atacar sus intereses en todo el mundo», en represalia contra «la brutalidad sionista en Palestina».

Un Airbus que efectúa el trayecto París-Argel es secuestrado por un argelino que ha sido expulsado de territorio francés. El pirata es reducido poco después de la llegada del aparato a Argel.

Ofensiva de las milicias drusas y fuerzas palestinas prosirias contra el cerrojo cristiano de Souk el-Gharb.

El papa Juan Pablo II denuncia «el genocidio» perpetrado por los sirios contra los cristianos del Líbano.

Asesinato en Beirut del presidente cristiano René Moawad.

1990   El rey Hassan II se declara hostil a la integración de los inmigrados en Francia.

Tras la invasión de Kuwait por Irak, el portaaviones americano *Independence* así como ocho navíos de guerra ponen rumbo al Golfo.

Envío al Golfo del portaaviones *Clemenceau*. Saddam Hussein lanza una llamada a la guerra santa.

Bloqueo naval de Estados Unidos contra Irak.

En Teherán, el ayatolá Jomeini llama a la guerra santa contra Estados Unidos.

Ofensiva siria contra el reducto cristiano del general Aoun en Beirut. Matanzas y saqueos perpetrados por los sirios.

Asesinato cerca de Beirut del dirigente maronita Dany Chamoun, de su mujer y sus dos hijos.

A monseñor Michel Dubost, consiliario general francés de los ejércitos, se le prohíbe la entrada en Arabia.

1991   Manifestaciones antiamericanas en los países del Magreb, en Jordania y en Pakistán.

El 17 de enero, inicio de la operación «Tormenta del desierto» contra Irak (bombardeo de lugares estratégicos).

En Rabat, manifestación de apoyo a Irak.

Siria tutela el Líbano.

Secuestro en Beirut de un administrador francés de «Médicos del mundo», Jérôme Leyraud.

1992   En Azerbaidjan, enfrentamientos entre azeríes y armenios.

Huelga general de los cristianos del Líbano contra las elecciones legislativas.

En Bosnia, combates entre croatas y musulmanes.
Un Mig-25 iraquí es derribado por un F-16 americano.

1993 Bombardeo por la aviación aliada de ocho objetivos militares en el sur de Irak.
Disparo de misiles americanos contra una instalación militar cercana a Bagdad.
El general Morillon es retenido por unos civiles en el enclave musulmán de Srebrenica.
Toma de la ciudad azerí de Kalbajan por los armenios.
En Bosnia, los musulmanes de Srebrenica son desarmados por los cascos azules.
23 misiles de crucero americanos disparados contra el cuartel general de los servicios secretos iraquíes en Bagdad.
En Argelia, dos jóvenes geómetras franceses son encontrados asesinados.
En Argelia, secuestro de tres funcionarios del consulado de Francia en Argel.
En Egipto, dos americanos y un francés son hallados muertos por disparos en el hotel Semiramis de El Cairo.
Arresto domiciliario, en Ariège, del presidente de la Fraternidad argelina en Francia, Djaffar el-Houari.
En Argelia, asesinan a tiros a un hombre de negocios español, un jubilado francés, una rusa y una informática británica. Doce cooperantes croatas son degollados.
En Beirut, atentado con un camión bomba contra la sede del partido falangista cristiano.
En El Cairo, siete austríacos heridos en un atentado contra un autobús de turistas.

1994 En Argel, asesinato de una empleada francesa del consulado de Francia.
En Argel, asesinato en la Casbah de un periodista francés, Olivier Quémener.
En Argelia, asesinato en la Pequeña Cabilia de un técnico ruso de la central eléctrica de Jijel; en Argel, asesinato del francés Joaquim Grau.
En el Líbano, atentado al norte de Beirut, en una iglesia maronita en pleno país cristiano (10 muertos, 60 heridos).
Asesinato de dos franceses en las afueras de Argel.

En Bosnia, el enclave musulmán de Gorazde es sitiado.

En Argelia, dos religiosos franceses son asesinados en la Casbah: el padre Henri-Barthélemy Vergès y la hermana Paule-Hélène Saint-Raymond.

En Argelia, siete marineros italianos son degollados a bordo del *Lucina*, en el puerto de Djendjen.

Cuatro rusos, dos croatas y un rumano son asesinados también.

Al sudoeste de Argel, un comando de los Grupos islámicos ataca la ciudad diplomática de Ain Allah: cuatro gendarmes franceses y dos agentes consulares de la embajada de Francia resultan muertos.

En el sudoeste de Argelia, una enfermera francesa es herida a tiros en Sig.

En Marrakech, ataque al hotel Atlas-Asni (dos turistas españoles muertos).

Un ingeniero francés es descubierto degollado en Hammadi, al sudeste de Argel.

Un francés es hallado asesinado en Bouira, al sudeste de Argel.

Seis muchachas que llevan el velo islámico son expulsadas del instituto Saint-Exupéry de Mantes-la-Jolie y una alumna lo es del CMI en Clermont-Ferrand.

ISLAM-EUROPA:
ACONTECIMIENTOS PREVISTOS POR NOSTRADAMUS

En *Nostradamus, historiador y profeta* –tomos I y II– se encontrarán los acontecimientos pasados referentes al islam y Europa. He aquí su inventario:

Sitio de Malta por los turcos en 1565 y batalla de Lepanto en 1571. IX, 61 (tomo I).

Levantamiento de los mahometanos en Granada, en 1567, y su expulsión en 1610. III, 20 (tomo II).

La toma de Buda por el duque de Lorena en 1686 acarrea el final del Imperio otomano en 1829. X, 62 (tomo I).

La campaña de Egipto y la administración del país por Bonaparte. I, 74 (tomo I) y I, 8 (tomo II).

Matanza de prelados y notables griegos en Chipre en 1810 y 1821. III, 89 (tomo I).

La batalla de Navarino en 1827 y la independencia de Grecia en 1833. IX, 75 (tomo I) y V, 95 (tomo II).

Las matanzas de Quío en 1822 y la independencia de Grecia. V, 90 (tomo I) y VI, 55 (tomo II).

Los siete años de conquista de Argelia de 1840 a 1847. IX, 89 (tomo I).

Guerra en los Balcanes de 1808 a 1819 y Mustafá Kemal. II, 49 (tomo I).

La caída de la Cuarta República en 1958 a causa de la guerra de Argelia. III, 59 (tomo I).

La invasión de Afganistán por el ejército ruso, septiembre de 1979. X, 31 (tomos I y II).

El asesinato del presidente egipcio Anuar el-Sadat el 6 de octubre de 1981 y las conferencias árabe-israelíes. II, 34 (tomo I).

Como se ha expuesto anteriormente, Nostradamus, viajando por una parte del bloque espacio-tiempo, menciona acontecimientos entremezclados unos con otros. Lo que hace imposible cualquier clasificación cronológica. En función de este principio, no debe extrañarnos encontrar fragmentos de historia o de hechos pasados tras otros por venir. ¿Es posible imaginar clasificaciones múltiples de las cuartetas? Sin duda. La que aquí se realiza no tiene una importancia capital en función del desarrollo de la historia, porque el profeta tiene una «visión» global y panorámica del pasado, el presente y el porvenir.

EL CONFLICTO ENTRE EUROPA Y EL ISLAM

Los acontecimientos anunciados, referentes al enfrentamiento entre Occidente y los países musulmanes, tienen un carácter catastrófico y espantoso. Como se ha dicho ya en el preámbulo, hay a menudo en las centurias una exageración de los horrores de las guerras, de las locuras de los hombres, convertidos en terroríficos por un relato ciertamente conciso pero redactado con un vocabulario *sanguinolento*. El objetivo de este método es hacer reflexionar y reaccionar al hombre para impedirle autodestruirse y, al mismo tiempo, llevarle a su salvación.

Es preciso citar aquí las palabras pronunciadas por Michel Debré, durante la guerra del Golfo (las referencias a las cuartetas de

Nostradamus que siguen constan en cursiva): «Lo que estamos viviendo es sólo el comienzo de una nueva guerra de los Cien Años. Una *guerra implacable* cuyo envite más inmediato es el mantenimiento o la desaparición de Francia como potencia europea y *mediterránea*. Porque nuestro flanco sur es el más expuesto a un acceso de fiebre en el mundo *árabe*, porque nuestra natalidad se ha estancado desde hace mucho tiempo ante la *demografía musulmana, conquistadora* donde las haya, porque la historia ha demostrado que las naciones jóvenes acaban imponiendo siempre su ley a las naciones viejas, está claro que lo que ocurre en el *Mediterráneo* nos concierne especialmente».

El 30 de marzo de 1995 se celebró en Jartum la tercera Conferencia popular árabe e islámica. Al día siguiente podíamos leer en *Le Monde* de la pluma de Moura Naim, en un artículo titulado «La conferencia islámica de Jartum denuncia "el sionismo" y "el imperialismo occidental"»: «El señor Tourabi, secretario general de la Conferencia, eminencia gris del régimen sudanés, fustigó a quienes, en Occidente, han hecho acopio de fuerzas y *proclamado su hostilidad al islam*... Criticó vivamente a *los dirigentes árabes musulmanes* que han *traicionado* a los palestinos y también *a esa institución mundial que se denomina ONU* que se ha convertido, a su entender, *en un instrumento dirigido contra los países musulmanes*... En apariencia, los participantes en el foro de Jartum son muy diferentes y sus preocupaciones inmediatas muy diversas: Chechenia, Bosnia, Irán, Albania, Kosovo, Camerún, Benin, Pakistán. Pero todos tienen un denominador común: el Corán».

Nostradamus ha consagrado algunas sextillas a un personaje al que denomina *el proveedor* y que podemos traducir por el «hacedor de guerra»: un proveedor era un artillero que, durante el combate, iba a buscar el saquete, la bolsa en la que se encierra la carga de una boca de fuego, para entregarla al apuntador. No podemos saber todavía a quién designa el término de proveedor; ¿será acaso un líder islámico?

El Elefante designa probablemente África del Sur, porque numerosos lugares geográficos (montañas, ríos, etc.) llevan este nombre, dado por los primeros europeos que desembarcaron en aquella tierra. En antiguo francés, Grifo era el nombre dado a los griegos bizantinos y, por extensión, a los pueblos de Oriente en general; el término designa pues, probablemente, un país islámico de Oriente Medio (Irán, Irak, Siria u otro, a menos que se trate de China). El nombre estandarte era atribuido a la caballería y a la marina y aquí representa, pues, divisiones blindadas y flotas de guerra.

SEXTILLA 56

Tost l'Éléphant de toutes parts verra,
Quand pourvoyeur au Griffon se joindra,
Sa ruine proche, & Mars qui toujours gronde:
Fera grands faits aupres de terre saincte,
Grands estendarts sur la terre & sur l'onde
Si la nef a esté de deux frères enceinte.

Pronto el Elefante de todas partes vendrá
Cuando proveedor al Grifo se unirá,
Su ruina próxima, y Marte sigue gruñendo:
Hará grandes hechos cerca de Tierra Santa,
Grandes estandartes sobre la tierra y las olas
Si la nave ha sido preñada de dos hermanos.

Pronto África del Sur permanecerá vigilante por todos lados, cuando el hacedor de guerra haga una unión con un país de Oriente cuya ruina está cercana; y la guerra que sigue gruñendo provocará grandes acciones cerca de Palestina con numerosos carros y barcos de guerra, cuando Egipto haya engendrado dos hermanos (¿el papa y un antipapa?).

En la siguiente sextilla hay un dato astronómico de tiempo referente al comienzo de las hostilidades del *proveedor*:

SEXTILLA 46

Le pourvoyeur mettre tout en desroute,
Sansue & loup en mon dire n'escoute
Quand Mars sera au signe du Mouton
Joinct à Saturne, & Saturne à la Lune,
Alors sera ta plus grande infortune,
Le Soleil lors en exaltation.

El proveedor lo pondrá todo en fuga,
Sanguijuela y lobo, mi dicho no escuchan
Cuando Marte esté en el signo del Cordero

Junto a Saturno, y Saturno a la Luna,
Entonces será tu gran infortunio,
Entonces el Sol en exaltación.

En sentido figurado, una sanguijuela es una persona que tiene dinero con exacciones o cualquier otro medio; ¿ha querido Nostradamus designar aquí el poder del dinero en el capitalismo de Occidente? Esta hipótesis se vería reforzada por la alianza de la sanguijuela con Alemania (el lobo), cuya moneda es una de las más fuertes de los países ricos. El 28 de marzo de 1998 tendrá lugar una conjunción Marte, Saturno y Luna en Aries y el Sol está en exaltación en Aries. Por lo que se refiere al Sol, podemos preguntarnos si Nostradamus no alude, además, al papa Juan Pablo II cuya divisa se halla en la profecía de san Malaquías: *de labore solis*, del «trabajo del sol». En astrología, la exaltación es una dignidad planetaria que acentúa, para bien o para mal, según su naturaleza, los presagios proporcionados por un planeta en la interpretación de un horóscopo; pero también es, en derecho canónico, la promoción a la dignidad pontificia.

El hacedor de guerra provocará una derrota general. Los países ricos y Alemania no escuchan mis palabras; el 28 de marzo de 1998 será tu mayor desgracia.

El origen del conflicto y el papel de Libia

Varias cuartetas nos hacen pensar que el origen del conflicto se hallaría en Oriente Medio.

I, 9

De L'Orient viendra le coeur Punique
Fascher Hadrie, & les hoirs Romulides:
Accompagné de la classe Lybique,
Temple Melites & proches Isles vuides.

De Oriente vendrá el corazón Púnico
Enojar Adria y los herederos de Rómulo:
Acompañado de la flota libia,
Temblad Melitas e islas próximas.

107

Las palabras Púnico, *Poenus* («cartaginés» en latín), Cartago o Aníbal, son utilizadas por Nostradamus para designar los países musulmanes y especialmente África del Norte, donde los cartagineses ocupaban antaño una parte, pero también como referencia al implacable odio que los cartagineses sentían por los romanos, que, por lo demás, se lo devolvían: *delenda est Carthago*. Los *hoirs Romulides* son los herederos de Rómulo, es decir, los italianos; por lo que a los Melitas se refiere, son los habitantes de la isla de Malta. Cinco nombres geográficos de esta cuarteta se refieren al Mediterráneo y permiten, pues, situarla en Oriente Medio y no en el Extremo Oriente: Cartago, el Adriático, Roma, Libia y Malta.

III, 27

Prince Libinique puissant en Occident,
François d'Arabes viendra tant enflammer,
Scavant aux lettres sera condescendent,
La langue Arabe en françois translater.

Príncipe libio poderoso en Occidente,
Francés de árabes vendrá tanto inflamar,
Sapiente en letras será condescendiente,
La lengua árabe al francés traducir.

La palabra «letras» se utiliza para designar a la prensa. Un jefe de Estado libio será poderoso en Occidente e inflamará a muchos árabes contra los franceses. Será condescendiente con los periodistas para darse a conocer (utilización de los medios de comunicación) y hará traducir sus escritos al francés.

V, 14

Saturne & Mars en Leo Espagne captive,
Par chef libyque au conflict attrapé,
Proche de Malte, Herredde prinse vive,
Et Romain sceptre sera par coq frappé.

Saturno y Marte en Leo España cautiva,
Por jefe libio en el conflicto atrapada,

108

Próximos a Malta, herederos cogidos vivos,
Y Romano cetro será por gallo golpeado.

En francés antiguo *heredde* significa «heredero» y tiene, pues, el mismo sentido que *hoir* en la cuarteta 9 de la centuria I; se refiere, pues, a los italianos. Cuando Saturno y Marte estén en la constelación de Leo, España será capturada, el jefe libio arrastrado al conflicto, que se habrá aproximado a Malta y habrá tomado Italia, y el poder romano (¿Italia o la Iglesia?) será golpeado por el jefe de Estado francés.

v, 13

Par grand fureur le Roy Romain Belgique,
Vexer voudra par phalange barbare:
Fureur grinssant chassera gent libyque,
Depuis Pannons jusques Hercules la Hare.

Por gran furor el Rey Romano Bélgica,
Vejar querrá por falange bárbara:
Furor rechinante expulsará gente líbica,
Desde los Panonios hasta Hércules la Tronera.

La expresión *Rey Romano Bélgica* es difícilmente comprensible; el acontecimiento nos proporcionará las necesarias precisiones. La palabra falange significa cuerpo de ejército. Panonia era Hungría. La palabra Hércules no designa aquí al futuro rey de Francia, como veremos más adelante, sino que se trata de un nombre de lugar: Gibraltar es llamado las columnas de Hércules. *Hare* en francés antiguo es una especie de tronera y significa aquí fortificación.

Las tropas islámicas querrán vejar al rey de los belgas con gran furor; éste, loco de rabia, expulsará a los libios desde Hungría hasta las fortificaciones de Gibraltar.

v, 51

La gent de Dace, d'Angleterre & Polonne,
Et de Boesme feront nouvelle ligue,
Pour passer outre d'Hercules la colonne,
Barcins, Tyrrens dresser cruelle brigue.

La gente de Dacia, de Inglaterra y Polonia,
Y de Bohemia harán nueva liga,
Para pasar más allá de Hércules en la columna,
Barcinos, Tirrenos levantar cruel tumulto.

Dacia es el antiguo nombre de los rumanos. Bohemia designa Alemania. Los barcinos eran los miembros de una familia cartaginesa. Esta palabra, como púnico o *poenus*, designa a los islamistas de África del Norte. En francés antiguo *brigue* significa «riña, tumulto».

Los pueblos rumano, inglés, polaco y alemán harán una nueva alianza para cruzar el estrecho de Gibraltar, cuando los islamistas hayan iniciado una lucha cruel contra los habitantes de la costa tirrena.

II, 60

La foy Punique en Orient rompue,
Grand Iude, & Rosne Loire, & Tag. changeront
Quand du mulet la faim sera repue,
Classe espargie, sang et corps nageront.

La fe Púnica en Oriente rota,
Gran Judío y Ródano Loira, y Tajo cambiarán
Cuando el mulo habrá saciado su hambre,
Flota hundida, sangre y cuerpos nadarán.

La expresión *Grand Iude* designa al Estado hebreo, incluidos los territorios ocupados; en efecto, la palabra Judea designa al país de los judíos, que comprendía toda Palestina en la época de los Macabeos (167 a. de C.). El «hambre del mulo» es una alusión al proverbio: «La mula del papa sólo come a sus horas», lo cual significa que, aunque se viva en la mayor abundancia, sólo puede comerse con placer cuando se tiene hambre. El verbo *espargier* significa en francés antiguo «regar, esparcir».

Los acuerdos musulmanes serán rotos en Oriente Medio. El gran Israel, el Ródano, el Loira y el Tajo sufrirán cambios cuando esté satisfecho el apetito de conquista. La flota será regada (¿bombardeada?); la sangre y los cuerpos nadarán.

Nostradamus proporciona en la siguiente cuarteta el eje de extensión del conflicto desde Palestina hasta Portugal pasando por el Ródano y el Loira. Luego indica que Inglaterra se verá arrastrada a esta guerra:

II, 78

Le grand Neptune du profond de la mer,
De gent Punique & sang Gaulois meslé:
Les isles à sang pour le tardif ramer,
Plus luy nuira que l'occult mal célé.

El gran Neptuno de lo profundo del mar,
De gente Púnica y sangre Gala mezclado:
Las islas a sangre por el tardío esfuerzo,
Luego le perjudicará que el oculto mal guardado.

El gran Neptuno, dios del mar, designa Inglaterra. El verbo remar significa «utilizar remos», que puede interpretarse como poner la flota en movimiento. El *oculto mal guardado* significa la verdad mal escondida.

Inglaterra, desde el mar que la rodea, verá mezclarse las sangres musulmana y francesa; las islas anglonormandas se verán ensangrentadas por haber puesto en movimiento la flota demasiado tarde; lo que perjudicará más aún su política del avestruz.

X, 60

Je pleure Nisse, Mannego, Pize, Gennes,
Savone, Sienne, Capoue, Modène, Malte:
Le dessus sang & glaive par estrennes,
Feu, trembler terre, eau, mal'heureuse nolte.

Lloro Niza, Mónaco, Pisa, Génova,
Savona, Siena, Capua, Módena, Malta:
Encima sangre y espada por combate,
Fuego, tierra temblar, agua, desgracia no querida.

Estrene significa, en francés antiguo, «encuentro, combate» y la palabra *glaive* («espada»), «carnicería». *Nolte* es un afrancesamiento de la palabra latina *noltis*, de *nolere*, que significa «no querer».
Lloro Niza, Mónaco, Pisa, Génova, Savona, Siena, Capua, Móde-

111

na y Malta, que serán sumergidas por la sangre y la carnicería a causa de los combates, del fuego (de la guerra), del temblor de tierra, de una inundación, desgracias que no se han deseado.

II, 81

Par feu du ciel la cité presque aduste,
L'Urne menace encore Ceucalion,
Vexée Sardaigne par la Punique fuste,
Après le Libra lairra son Phaéton.

Por fuego del cielo la ciudad casi adusta,
La urna amenaza todavía Ceucalion,
Vejada Cerdeña por la Púnica fusta,
Después de Libra dejará su Faetón.

La expresión «gran ciudad» designa siempre París. La palabra ciudad sola designa, pues, otra ciudad. Tal vez Londres, cuyo centro es denominado la «city». *Aduste* quiere decir «quemado» en francés antiguo. La urna designa aquí el sufragio universal. La «c» de Ceucalion es una falta tipográfica; en realidad se trata de Deucalión que, como Noé, se encargó de salvar al hombre del diluvio (cf. la cuarteta sobre la inundación de Nimes en octubre de 1988). Una *fusta* es un barco de la clase de las galeras y designa aquí una flota de guerra. Libra es el nombre latino de la Balanza (símbolo de la justicia) y representa Italia y los italianos, porque el derecho romano ha sido la base de todos los derechos europeos contemporáneos. *Phaéton* (φαετον) es el nombre griego de la constelación del Cochero que designa aquí a un guía o a un jefe de Estado. Por lo que se refiere a *lairra*, es el futuro del verbo *laier* que, en francés antiguo, significa «vejar».

Por un fuego procedente del cielo (¿bombardeo, cohete?) la ciudad casi arde. El diluvio (¿de agua o de fuego?) sigue amenazando. Cerdeña será molestada por la flota musulmana, después de que los italianos hayan abandonado al jefe del Estado.

VI, 99

L'Ennemy docte se tournera confus,
Grand camp malade, & defaict par embusches:

Monts Pyrenées & Poenus lui seront faicts refus,
Proche du fleuve découvrant antiques oruches.

El enemigo docto se volverá confuso,
Gran campo enfermo, y derrotado por emboscadas:
Montes Pirineos y Poenus le serán hechos rechazo,
Próximo al río descubriendo antiguas excavaciones.

La palabra *oruche* es un ejemplo de afrancesamiento de una palabra griega, como solía hacerse en el siglo XVI. Su origen es la palabra ορυχη, que significa «agujero, excavaciones».

El enemigo artero regresará a la confusión, con su gran ejército enfermo y derrotado por emboscadas. Los Pirineos y África del Norte le serán obstáculos cuando se descubran antiguas excavaciones (¿escondrijos de armas?) cerca del río.

Es demasiado pronto para saber de qué río se trata (¿el Sena, el Garona u otro?).

II, 30

Un qui des dieux d'Annibal infernaux,
Fera renaistre, effrayeur des humains:
Oncq'plus d'horreur ne plus dire journaulx,
Qu'avint viendra par Babel aux Romains.

Uno de los dioses de Aníbal infernales,
Hará renacer, terror de los humanos:
Nunca mayor horror pudieron decir periódicos,
Que sucedió vendrá por Babel a los Romanos.

Los *dioses de Aníbal infernales* designa con toda probabilidad el integrismo islámico. *Avint* es un afrancesamiento de la palabra latina *adventus*, «acontecimiento». Babel es el nombre hebreo de Babilonia y se refiere, pues, a Irak.

Un personaje relacionado con el integrismo islámico hará renacer el espanto de los humanos: nunca los periódicos habrán tenido que describir tantos horrores como el acontecimiento que caerá sobre los romanos a causa de Irak.

PRESAGIO 11, septiembre

Pleurer le ciel ail cela fait faire,
La mer s'appreste. Annibal fait ses ruses:
Denys mouille. Classe tarde ne taire,
Na sçeu secret & à quoy tu t'amuses.

Llorar al cielo, ay, eso hace hacer,
El mar se apresta. Aníbal usa sus artimañas:
Denis moja. Flota tarda en no callar,
No ha sabido secreto y en qué te diviertes.

Llorar al cielo es una expresión que significa dolerse de su destino. La palabra Denis es, probablemente, el afrancesamiento del puerto español de Denia, en el Mediterráneo; este mar va a ser teatro de grandes batallas.

Lamentarse es inútil. La flota se prepara mientras el jefe musulmán hace sus artimañas. La flota atracada en el puerto de Denia tarda demasiado en manifestarse porque no ha sabido lo que se tramaba y pensaban en divertirse.

Esta cuarteta debe relacionarse con II, 78 («*pour le tardif ramer*»).

III, 93

Dans Avignon tout le chef de l'Empire
fera arrest pour Paris désolé:
Tricast tiendra l'Annibalique ire
Lyon par change sera mal consolé.

En Aviñón todo el jefe del Imperio
Hará detención por París desolado:
Tricast tendrá el Anibálico furor
Lyon en cambio será mal consolado.

Aviñón se convertirá en capital porque París estará desolado, después de que el Tricastin reciba la cólera musulmana. A Lyon le sentará mal el cambio de capital.

El Tricastin es la región de Saint-Paul-Trois-Châteaux, al norte de Aviñón. Allí se ubicó la fábrica de enriquecimiento de uranio de Tricastin, que fue financiada en parte por el sha de Irán en 1974. Tras la revolución islámica en Irán, en 1978, Teherán solicitó que se le devolvieran los mil millones de dólares prestados. El litigio fue una manzana de la discordia entre ambos países hasta 1986, pero podemos suponer que puede reactivarse próximamente. El problema del Tricastin no tiene aparentemente ninguna relación con el resto de la cuarteta, la instalación de la capital en Aviñón, salvo porque Nostradamus tal vez vio ambos acontecimientos simultáneamente en su muro de imágenes.

La guerra del Golfo, iniciada el 17 de enero de 1991, era sólo una señal precursora del papel que debe desempeñar Irak (Mesopotamia o Babilonia o Babel para Nostradamus) en el futuro conflicto. En el número especial de *Le Monde* sobre la guerra del Golfo, titulado «De la guerra a la paz» y con fecha de noviembre de 1991, podía leerse de la pluma de Jacques Lesourne: «La intervención en Kuwait permitió evitar un grave deterioro de la situación en el Próximo Oriente. No resolvió en profundidad ninguno de los problemas de esta encrucijada entre África, Europa y Asia».

La siguiente cuarteta permitía ver, ya en 1980, que Irak se volvería contra Occidente, cuando se estaban proporcionando a ese país las armas más sofisticadas, y que iba a ser un enemigo de los países cristianos.

VII, 22

Les Citoyens de Mésopotamie,
Irez encontre amis de Tarragonne:
Jeux, ris, banquets, toute gent endormie,
Vicaire au Rosne, prins cité, ceux d'Ausone.

Los Ciudadanos de Mesopotamia,
Irán al encuentro amigos de Tarragona:
Juegos, risas, banquetes, toda la gente dormida,
Vicario en el Ródano, tomada la ciudad, los de Ausonia.

Nostradamus tomó la ciudad de Tarragona para designar España y, más generalmente, Occidente. Por otra parte, los griegos llamaron a España *Hesperia*, es decir «la Occidental». *Encontre* es en francés antiguo un sustantivo que significa «combate». Las palabras *juegos, risas, banquetes* deben relacionarse con la expresión *et à quoy tu t'amuses* del presagio 11, pues estigmatizan la despreocupación de

115

Occidente. El papa lleva el título de vicario de Cristo; en cuanto a Ausonia, es el antiguo nombre de Italia.

Los habitantes de Irak combatirán contra los occidentales, mientras éstos jugarán, reirán, festejarán o dormirán. El papa se refugiará a orillas del Ródano (Lyon, «La ciudad que dos ríos riegan»), porque la ciudad de Italia (Roma) será tomada.

III, 61

La grande bande & secte crucigère,
Se dressera en Mésopotamie:
Du proche fleuve compagnie legiere,
Que telle loy tiendra pour ennemie.

La gran banda y secta crucifígera,
Se levantará en Mesopotamia:
Del próximo río compañía ligera,
Que tal ley tendrá por enemiga.

Nostradamus «cepilló» por síncopa el verbo latino *crucifigere* («crucificar»). Irak y Siria tienen importantes comunidades cristianas.

La gran pandilla y secta anticristiana (integrista) se levantará en Irak: los carros («compañía ligera», la caballería) estarán junto al río (Tigris o Éufrates), y considerará la ley (cristiana) enemiga.

III, 99

Aux champs herbeux d'Alein & du Varneigne,
Du mont Lebron, proche de la Durance,
Camps de deux pars conflict sera si aigre,
Mésopotamie défaillira en la France.

En los campos herbosos de Alein y de Varneigne,
Del monte Lebron, cercano a Durance,
Campos de dos partes conflicto será tan agrio,
Mesopotamia desfallecerá en Francia.

Alleins y Vernègue son dos municipios de Bouches-du-Rhône, al pie del Lubéron, cuyo antiguo nombre era Lébron. Este macizo forma parte de los montes de Vaucluse, donde se halla la meseta de Al-

116

bion, sede de cohetes nucleares. *Aigre* en francés antiguo significa «ardiente, impetuoso».

En los campos herbosos de Alleins y de Vernègue y del Lubéron, cercano a Durance, la guerra será tan ardiente para ambos campos que Irak se derrumbará en Francia.

EL ISLAM O LOS BERBERISCOS

En un importante número de cuartetas, Nostradamus utiliza sistemáticamente las palabras bárbaros, barbáricos, barbarinos o barbarís para referirse al islam y a los islámicos, porque el Magreb era denominado *Estados berberiscos* o *Berbería*.

PRESAGIO 60, abril

Le temps purgé, pestilente tempeste,
Barbare insult. Fureur, invasion:
Maux infinis parce mois nous appreste,
Et les plus Grands, deux moins, d'irrision.

El tiempo basura, pestilencia, tempestad,
Bárbaro ataque. Furor, invasión:
Infinitos males para este mes nos prepara,
Y los más Grandes, menos dos, en irrisión.

En francés antiguo, *irrision* significa «broma, burla».
Tiempo de expiación y disturbios pestilentes. Furioso ataque islámico e invasión; este mes (abril) nos prepara para infinitas desgracias; los más grandes (jefes de Estado) serán burlados, excepto dos.

PRESAGIO 31, octubre

Pluye, vent, classe Barbare Ister. Thyrrene,
Passer holcades Ceres, soldats munies:
Reduits bienfaits par Flor. franchie Sienne,
Les deux seront morts, amitiez unies.

Lluvia, viento, ejército bárbaro Ister. Tirreno,
Pasar navíos Ceres, soldados pertrechados:

117

Reducidos beneficios por Flor. cruzada Siena,
Ambos estarán muertos, amistades unidas.

Ister es en latín la parte inferior del Danubio. El término *holcade* es una palabra griega (ολχασ) que significa «barco». Caeres era en la época romana una pequeña ciudad de Toscana (mar Tirreno). *Munio* significa en latín «fortificar, atrincherar». Flor. es la abreviación de Florencia, ciudad de Toscana.

En invierno, el ejército islámico irá del mar Tirreno hasta el Danubio, hará llegar dos barcos hasta Toscana con soldados armados, perdido el bienestar en Florencia y habiendo superado Siena; dos (¿personajes-jefes de Estado ruso y americano?) serán muertos, unidos en la amistad.

La siguiente cuarteta indica la provisional reconciliación entre americanos y rusos.

VI, 21

Quand ceux du pole artic. unis ensemble,
En Orient grande effrayeur & crainte:
Esleu nouveau, soustenu le grand tremble,
Bisance de sang barbare tainct.

Cuando los del polo ártico unidos conjuntamente,
En Oriente gran terror y miedo:
El nuevo elegido, sostenido el gran temblor;
Bizancio tinto en sangre bárbara.

Estados Unidos, por el Estado de Alaska, y, más globalmente, América del Norte y Rusia ocupan el 90 % del polo Norte o polo ártico.

Cuando los americanos y los rusos estén unidos, habrá un gran temor y un gran espanto en Oriente Medio. Un nuevo personaje será elegido y sostenido en un gran desorden. Estambul se teñirá de sangre musulmana.

V, 78

Les deux unis ne tiendront longuement,
Et dans treize ans au Barbare Satrappe:

118

Aux deux costez feront tel perdement,
Qu'un bénira la Barque & sa cappe.

Los dos unidos no aguantarán largo tiempo,
Y en trece años al Bárbaro Sátrapa:
A ambos lados harán tal perdimiento,
Que uno bendecirá la Barca y su capa.

La palabra Sátrapa constituye un juego de palabras cuyo secreto tiene Nostradamus. En efecto, además del sentido del verbo atrapar, hay una alusión a los Sátrapas que, en el Imperio medo-persa, se encargaban de la administración del país y del cobro de los impuestos. Hay, pues, una alusión a Irán. Por otra parte, en francés, la palabra sátrapa designa a «un hombre que ejerce con orgullo un poder despótico». La Barca representa la Iglesia y aquí, especialmente, al Vaticano, a causa de la prenda de tela que lleva el papa.

Los dos unidos (Estados Unidos y Comunidad de Estados Independientes) no aguantarán (la unión) largo tiempo porque «se atraparán» a causa de Irán, al cabo de trece años. Eso provocará tales pérdidas (*perdement* en francés antiguo) en ambos campos que se bendecirá a la Iglesia y al papa.

Mijail Gorbachov, artesano del acercamiento entre rusos y americanos, fue elegido para el Soviet supremo el 11 de marzo de 1985. En agosto del mismo año se firmaban los acuerdos de Helsinki que ponían fin a la guerra fría entre los dos Grandes. La pelea entre ambos podría producirse, pues, en 1998-1999. Rusia, hoy por hoy (mayo de 1995), entrega armas y reactores nucleares a Irán, y Estados Unidos exigen que se imponga a ese Estado terrorista (*sic*) un embargo económico que rusos y europeos rechazan.

Tras la pelea, cuyas primicias comienzan a verse, el papa podría desempeñar un papel importante en la situación.

ESTRAGOS EN LA COSTA MEDITERRÁNEA

II, 4

Depuis Monach jusqu'auprès de Sicile,
Toute la plage demourra désolée,
Il n'y aura faubourgs, cité, ne ville,
Que par Barbares pillée soit et volée.

119

Desde Mónaco hasta más allá de Sicilia,
Toda la playa estará desolada,
No habrá barrio, ciudad ni pueblo,
Que por Bárbaros no sea saqueada.

Desde Mónaco hasta Sicilia toda la costa quedará desolada; no habrá barrios, ciudades ni pueblos que no sean saqueados por los islamistas.

III, 82

Erins, Antibor, villes autour de Nice,
Seront vastées fort par mer & par terre:
Les saturelles terre & mer vent propice,
Prins, morts, troussez, pillez, sans loy de guerre.

Erins, Antibor, ciudades alrededor de Niza,
Serán devastadas mucho por mar y por tierra:
Los saltamontes tierra y mar viento propicio,
Presos, muertos, despachados, pillados, sin ley de guerra.

Saturelles es, probablemente, una falta tipográfica; debiera decir *sauterelles* («saltamontes»), insectos terrestres y aéreos, que simbolizan la aviación y el ejército de tierra. «Tener la ventaja del viento» significa hallarse bajo el viento de este navío.

Las islas de Lérins, Antibes y las ciudades alrededor de Niza se verán muy devastadas por mar y por tierra. La flota, trayendo aviones y soldados, tendrá ventaja. Los habitantes serán hechos prisioneros, muertos, acosados, desvalijados sin ley de guerra.

VII, 6

Naples, Palerme & toute la Secille,
Par main Barbare sera inhabitée,
Corsicque, Salerne & de Sardeigne l'isle,
Faim, peste, guerre, fin de maux intemptée.

Nápoles, Palermo y toda Sicilia,
Por mano Bárbara serán inhabitadas,

120

Córcega, Salerno y la isla de Cerdeña,
Hambre, peste, guerra, fin de males deseada.

Nápoles, Palermo y toda Sicilia quedarán despobladas a causa de las fuerzas islámicas, así como Córcega, Salerno (ciudad a 55 kilómetros de Nápoles) y Cerdeña, que conocerán el hambre, la epidemia, la guerra, luego se deseará el fin de estos males.

IX, 42

De Barcelonne, de Gennes & Venise,
De la Secille peste Monet unis:
Contre Barbare classe prendront la vise,
Barbar poulsé bien loin jusqu'à Thunis.

De Barcelona, de Génova y Venecia,
De Sicilia peste Monet unidos:
Contra Bárbara flota tomarán persecución,
Bárbaro empujado muy lejos hasta Túnez.

Monet es el afrancesamiento de *Monoeci* nombre latino de Mónaco. *Viser* significa intentar alcanzar, perseguir.
(Tropas llegadas) de Barcelona, de Génova, de Venecia, de Sicilia reunidas en Mónaco, donde habrá una epidemia, perseguirán al ejército islámico y lo rechazarán muy lejos, hasta Túnez.

I, 28

La tour de Boucq traindra fuste barbare,
Un temps, longtemps après barque hespérique,
Bestail, gens, meubles, tous deux feront grand tare
Taurus & Libra quelle mortelle picque.

La torre de Bouc temerá fusta bárbara,
Un tiempo, mucho tiempo después barca hespérica,
Animales, gente, muebles, los dos harán gran tara
Taurus y Libra, qué mortal lanzazo.

A la entrada del puerto de Port-de-Bouc hay una torre. Una fusta es un barco de vela y remo y designa siempre una flota de guerra.

Hesperia es el antiguo nombre de España y procede de una palabra griega que significa «Occidente» y comprende, pues, Estados Unidos. Taurus es una montaña del Asia Menor y designa Turquía, y *Libra*, nombre latino de la Balanza, se refiere a Italia.

Port-de-Bouc temerá una flota islámica durante algún tiempo, y mucho después llegará una flota occidental (¿americana?). Estas dos flotas causarán grandes daños a los animales, la gente y los bienes muebles. Será un ataque mortal para Turquía e Italia.

I, 71

La tour marine trois fois prise & reprise,
Par espagnols, Barbares, Ligurins:
Marseille & Aix, Arles par ceux de Pise,
Vast, feu, fer pillé Avignon des Thurins.

La torre marina tres veces tomada y retomada,
Por españoles, Bárbaros, ligurios:
Marsella y Aix, Arles por los de Pisa,
Vasto, fuego, hierro pillado Aviñón por los thurinos.

Probablemente esta torre marina es la de Port-de-Bouc de la cuarteta precedente.

La torre marina será tres veces tomada y retomada por los españoles, los islámicos y (las tropas) de Liguria; Marsella, Aix-en-Provence y Arles por (las tropas llegadas) de Pisa, que habrá sido devastada, incendiada y pillada. Aviñón será tomada (por tropas procedentes) de Turín.

III, 56

Montauban, Nismes, Avignon & Besier,
Peste, tonnerre & gresle à fin de mars,
De Paris pont, Lyon mur, Montpellier,
Depuis six cens & sept vingt trois parts.

Montauban, Nîmes, Aviñón y Béziers,
Peste, trueno y granizo a fin de marzo,
De París puente, Lyon muro, Montpellier,
Desde seiscientos y siete veintitrés partes.

Mur («muro») se utiliza, por síncopa, en vez de *muier* que significa «gritar». *Partes* se refiere a «región, paraje». En lo que respecta a «seiscientos y siete» se trata probablemente de una abreviación de la fecha de «mil seiscientos siete de liturgia» que se sitúa entre 1995 y 2005, dada en la cuarteta referente al arresto del rey de Marruecos (VI, 54). Se encontrarán más adelante las explicaciones referentes a esta fecha.

En Montauban, Nîmes, Avignon y Béziers habrá una epidemia, trueno y granizo (¿bombardeos?) a finales de marzo, sobre los puentes de París, los muros de Lyon y Montpellier entre 1995 y 2005, y en veintitrés departamentos o países.

I, 18

Par la discorde negligence gauloise
Sera passage à Mahomet ouvert:
De sang trempé la terre & mer sénoise,
Le port Phocen de voilles & nefs couverts.

Por la discordia negligencia gala
Estará a Mahoma el paso abierto:
De sangre empapados la tierra y el mar senés,
El puerto Foceo de velas y naves cubierto.

Los *sénois* son los habitantes de La Seyne-sur-Mer, puerto de reparación de barcos de guerra cerca de Toulon. Y Foceo se utiliza por Focea, nombre griego de Marsella. Naves es utilizado aquí para designar a los aviones, cuyos primeros modelos eran de tela.

Por la discordia y negligencia de los franceses, se abrirá paso a los islámicos. La tierra y el mar de La Seyne-sur-Mer quedarán empapados de sangre, y Marsella se verá cubierta de barcos y de aviones.

IX, 80

Le Duc voudra les siens exterminer,
Envoyera les plus forts lieux estranges:
Par tyrannie Bize, & Luc ruiner,
Puis les Barbares sans vin feront vendanges.

123

El Duque querrá a los suyos exterminar,
Enviará los más fuertes lugares extraños:
Por tiranía Bize y Luc arruinar,
Luego los Bárbaros sin vino harán vendimias.

La palabra duque procede del latín *ducs* que significa «jefe de un ejército, general». Bize es una pequeña villa del departamento del Aude, salvo si Nostradamus quiso referirse a Pisa, que está en Toscana, como *Luca* («luques» en francés). Hacer su vendimia es una expresión que significa derramar sangre.

El general querrá exterminar a los suyos, a los más fuertes de los cuales (o los de mayor graduación) enviará al extranjero. Por su tiranía arruinará el Languedoc (Bize) y la Toscana (Luca y, tal vez, Pisa). Luego los islámicos, que no beben vino, harán correr la sangre.

v, 70

Des régions subjectes à la Balance,
Feront troubler les monts par grande guerre
Captifs tout sexe deu & tout Bisance,
Qu'on criera à l'aube terre à terre.

Regiones sometidas a Libra,
Harán turbar los montes por gran guerra
Cautivo todo sexo y todo Bizancio,
Que gritará al alba tierra a tierra.

En francés antiguo *deu* es el dios de los cristianos y designa, por lo tanto, aquí, a los cristianos. La expresión *terre à terre* significa muy cerca de la tierra o de la orilla.

Las regiones de Italia se verán turbadas en las altas montañas (los Alpes y los Apeninos que culminan a 2.960 metros) por una gran guerra. Habrá prisioneros cristianos de ambos sexos, incluso en Estambul, porque se gritará al amanecer (al ver la flota) junto a la orilla.

v, 61

L'enfant du grand n'estant à sa naissance,
Subjuguera les hauts monts Appenis:

Fera trembler tous ceux de la Balance,
Et des monts feux jusques à Mont-Senis.

El hijo del grande no estando en su nacimiento,
Subyugará los altos montes Apeninos:
Hará temblar a todos los de Libra,
Y montes fuego hasta el Mont-Senis.

El hijo del grande (jefe), que estará sólo en sus comienzos, subyugará los Apeninos, hará temblar a los italianos y llevará el fuego (de la guerra) desde estos montes hasta el Mont-Cenis.

IV, 50

Libra verra regner les Hespéries,
De ciel & terre tenir la Monarchie,
D'Asie forces nul ne verra peries,
Que sept ne tiennent par rang la hierarchie.

Libra verá reinar las Hesperias,
Del cielo y la tierra tener la Monarquía,
De Asia fuerzas nadie verá perecidas,
Que siete no tienen por rango la jerarquía.

Italia verá reinar a Occidente (¿Estados Unidos?); la monarquía poseerá los aires y la tierra (¿aviación y ejército de tierra?). Nadie verá las fuerzas asiáticas (¿China?) destruidas mientras siete (países, el G7, los siete países más industrializados) estén clasificados de modo jerárquico (de acuerdo con su poder económico: Estados Unidos, Japón, Alemania, Reino Unido, Francia, Italia, Canadá).

X, 97

Triremes pleines tout aage captifs,
Temps bon à mal, le doux pour amertume:
Proye à Barbares trop tost seront hatifs,
Cupide de veoir plaindre au vent la plume.

Trirremes llenos toda edad cautivos,
Tiempo bueno a malo, el bueno para amargura:

Presa de Bárbaros muy pronto serán procurados,
Ávido de ver planear al viento la pluma.

Los trirremes eran barcos de guerra con tres hileras de remos su-
perpuestos. En francés antiguo *hastif* significa «pronto, apresurado».
La expresión «arrojar la pluma al viento» significa dejar al azar la
decisión que debe tomarse.

Barcos de guerra estarán llenos de prisioneros de todas las eda-
des. El buen tiempo será perturbado y se pensará en la buena vida
perdida, con amargura. Los islámicos se habrán apresurado demasiado a recoger el botín y se les verá quejarse de haberse entregado al
azar por avidez.

El mar Adriático

En el capítulo II, las cuartetas sobre la ex Yugoslavia se refieren
en parte al pasado reciente y en parte al porvenir. La siguiente cita a
Ragusa, es decir, Dubrovnik, que fue bombardeada por la flota serbia
en el Adriático.

x, 63

Cydron, Raguse, la cité au sainct Hiéron,
Reverdira le médicant secours:
Mort fils de Roy par mort de deux hérons,
L'Arabe, Ongrie feront un mesme cours.

Cydron, Ragusa, la ciudad de san Hieron,
Reverdecerá en medicante socorro:
Muerto hijo de Rey por muerte de dos garzas,
El Árabe, Hungría harán un mismo curso.

Dado que no existe ciudad que lleve el nombre de Cydron, podemos suponer que se trata de una mala ortografía de Stridon, ciudad
donde nació san Jerónimo (*Hieron*imus), hoy Szalad, cercana a Varaz-
din, en Croacia. *Reverdecer* significaba en francés antiguo «maltra-
tar». *Héron* (que en español significa *garza*) es en realidad una modificación de *hérauts* (es decir, *heraldos*), por necesidades de la rima
con *Hiéron*; el heraldo era el oficial encargado de llevar un mensaje.

En Stridon, la ciudad de san Jerónimo, en Ragusa, se maltratará la ayuda humanitaria (Médicos del Mundo, Médicos sin Fronteras, etc.). El hijo de un jefe de Estado morirá a causa de la muerte de dos oficiales que llevaban mensajes; los musulmanes y los húngaros tendrán el mismo problema.

Sabemos las dificultades que tuvo la ayuda humanitaria para llevar a cabo su trabajo en Dubrovnik, Sarajevo, Vukovar, etc. El último verso permite suponer que los húngaros, que son un 17 % en Vojvodina (Serbia del Norte), podrían tener los mismos problemas que los musulmanes de la ex Yugoslavia.

El mar Mediterráneo y el mar Adriático, donde actualmente hay numerosos barcos de guerra occidentales debido al conflicto de la ex Yugoslavia, serían el escenario de numerosos e importantes combates. En febrero de 1995, los países de la OTAN se preocuparon por la compra de armas de destrucción masiva por países islámicos antioccidentales (Irán, Irak, Libia). Tras esta reunión concluyeron que «desde la caída del comunismo, el militantismo islámico al sur del Mediterráneo constituye sin duda la más grave amenaza con la que se enfrenta Occidente». Todas las próximas maniobras militares se desarrollarán en esta región.

III, 23

Si France passe outre mer Lygustique,
Tu te verras en isles & mer enclos:
Mahommet contraire, plus mer Hadriatique,
Chevaux et asnes tu rongeras les os.

Si Francia pasa más allá del mar Lygústico,
Te verás en islas y mares cerrada:
Mahoma contrario, más mar Adriático,
Caballos y asnos roerás los huesos.

La palabra *Lygústico* es una trampa; en efecto, *lygusticus*, con una *i*, en latín significa «de Liguria». Nostradamus lo escribió con *y* porque se trata del antiguo nombre de Bizancio, que era Lygos. El mar Lygústico es, pues, el mar de Estambul, es decir el mar de Mármara. *Contraire* significa en francés antiguo «represalias». Los caballos representan la caballería (los tanques) y los asnos la infantería, en referencia a los asnos de Carmania que se enviaban a la guerra.

Si Francia va más allá de Turquía, se verá encerrada en el mar entre islas (¿mar Egeo?), a causa de las represalias del islam, y más aún en el mar Adriático. Sus blindados y su infantería quedarán deteriorados.

II, 86

Naufrage à classe près d'onde Hadriatique,
La terre tremble esmeue sus l'air en terre mis,
Égypte tremble augment mahometique,
L'Heraut soy rendre à crier est commis.

Naufragio de la flota cerca de la ola Adriática,
La tierra tiembla, mueve sobre aire en tierra puesto,
Egipto tiembla aumento mahometano,
El Heraldo gritar rendición es obligado.

En francés antiguo *esmeu* procede de *esmovoir*, que significa «poner en movimiento, hacer mover». La expresión *mettre sus* quiere decir en francés antiguo «levantar una tropa» y el verbo *crier*, «convocar». El heraldo era un oficial encargado de llevar un mensaje.

Una flota naufragará cerca del mar Adriático; la tierra tiembla agitada, una tropa es levantada por tierra y aire (ejército de tierra y de aire). Egipto tiembla a causa del crecimiento de los islámicos. El oficial de enlace debe acudir a una convocatoria.

III, 21

Au Crustamin par onde Hadriatique,
Apparoistra un horrible poisson,
De face humaine & la fin aquatique,
Qui le prendra dehors de l'ameçon.

En el Crustamin por onda Adriática,
Aparecerá un horrible veneno,
De faz humana y el final acuático,
Que le atrapará fuera del anzuelo.

Crustamerium es la ciudad italiana de Marcilliano Vecchio, en el Lacio, a 20 kilómetros al noroeste de Roma. Nostradamus designa sin duda la capital por medio de esta pequeña ciudad. «Morder el anzuelo», dejarse sorprender por una apariencia engañosa.

En Roma (llegado) por el mar Adriático, un horrible veneno de función acuática, pero de creación humana (¿submarino nuclear?) será capturado con astucia.

X, 38

Amour alegre non loin pose le siége,
Au sainct barbar seront les garnisons:
Ursins Hadrie pour Gaulois feront plaige,
Pour peur rendu de l'armée aux Grisons.

Amour alegre no lejos pone sede,
En santo bárbaro estarán las guarniciones:
Ursinos Adria para galos harán playa,
Para miedo idos del ejército a los grisones.

Nostradamus da aquí dos nombres de ciudades de Argelia: Amoura, pequeña villa de los montes Oulet-Nail a unos quinientos kilómetros de Argel, y Argel por anagrama. Alrededor de este eje se halla la mayor concentración de integristas islámicos, designados por la expresión «santos bárbaros». *Ursinus* en latín es un adjetivo que significa «de oso», y que se refiere a los rusos. Los Grisones son un cantón suizo al norte de Ticino, citado por Nostradamus.

Las guarniciones de los integristas islámicos se instalarán entre Amoura y Argel. Los rusos desembarcarán por los franceses en el Adriático a causa de un ejército que habrá acudido al cantón de los Grisones.

IX, 28

Voille Symacle port Massiliolique
Dans Venise port marcher aux Pannons:
Partir du Goulphre & Synus Illirique,
Vast Socille, Ligurs coups de canons.

Vela Simacla puerto Masiliólico
En Venecia puerto marchar a los Panonios:

Partir del Golfo y Seno Ilírico,
Devastar Sicilia, Ligures cañonazos.

La palabra Simacla plantea un problema de traducción, puesto que no existe. Puede relacionarse con la palabra Symmaque, apellido de un papa originario de Cerdeña, un cónsul romano y un heresiarca originario de Samaria; tenemos, pues, dos hipótesis: flota italiana o israelí. Massiliolique es una palabra fabricada por Nostradamus con Massalia (el antiguo nombre de Marsella) por necesidades de la rima con Illirique. Panonia es el antiguo nombre de Hungría. La palabra *goulphre* es otro modo de decir golfo; el golfo por excelencia es el golfo Pérsico. *Synus* en latín también significa «golfo» e Iliria es el antiguo nombre de Dalmacia. Socille es una falta tipográfica por Sicilia.

Una flota italiana llegará al puerto de Marsella y al puerto de Venecia para desembarcar hacia Hungría; (un ejército) que habrá salido del golfo Pérsico y del golfo de Dalmacia devastará Sicilia y bombardeará Liguria.

La siguiente cuarteta anuncia el arresto del rey de Marruecos. La fecha indicada está en código y plantea un problema de transcripción: «el año 1607 de liturgia». Las liturgias de las Iglesias de Oriente y de Occidente fueron escritas por primera vez bajo el pontificado del papa san Siricio, que ocupó el trono de San Pedro del 22 de diciembre de 384 al 14 de noviembre de 398. El acontecimiento anunciado se producirá, pues, entre 1995 y 2005, dado que no sabemos en qué año del pontificado fueron escritas las liturgias.

VI, 54

Au poinct du jour au second chant du coq,
Ceux de Tunes de Fez & de Bugie,
Par les Arabes captif le roy Maroq,
L'An mil six cens & sept de Liturgie.

Al amanecer al segundo canto del gallo,
Los de Túnez, Fez y Bugia,
Por los Árabes cautivo el rey Marruecos,
El año mil seiscientos y siete de Liturgia.

La expresión *al segundo canto del gallo* alude a las palabras de Cristo a Pedro cuando fue apresado: «Antes de que el gallo cante dos veces, me habrás negado tres».

Al alba, por una traición, a causa de los de Túnez, Fez y Bugia (¿integristas tunecinos, marroquíes y argelinos?), el rey de Marruecos será hecho prisionero por los árabes entre 1995 y 2005.

Papel de Rusia. (CEI: Comunidad de Estados Independientes)

Rusia es designada por las palabras osos, ursinos (ursones) o Aquilón, el Norte, porque Rusia ocupa gran parte del hemisferio Norte, desde el mar Báltico hasta el estrecho de Bering.

VIII, 15

Vers Aquilon grands efforts par ommasse,
Presque l'Europe et l'univers vexer,
Les deux eclypses mettra en telle chasse,
Et aux Pannons vie & mort renforcer.

Hacia Aquilón grandes esfuerzos por masa de hombres,
Casi Europa y el universo vejar,
Los dos eclipses pondrán en tal huida,
Y a los panonios vida y muerte reforzar.

En francés antiguo *ommasse* significa «que depende del hombre». Los dos eclipses podrían bien ser el eclipse de luna del 28 de julio de 1999 a 5 grados de Acuario, y el eclipse de sol del 11 de agosto del mismo año a 18 grados de Leo.

Hacia Rusia, los hombres harán grandes esfuerzos para vejar Europa y casi al universo, y se lanzarán a una persecución cuando se produzcan los dos eclipses (¿julio-agosto de 1999?), reforzarán su derecho de vida y muerte sobre los húngaros.

X, 86

Comme un gryphon viendra le Roy d'Europe,
Accompagné de ceux de l'Aquilon:

131

De rouges & blancs conduira grande troppe
Et iront contre le Roy de Babylone.

Como un grifo vendrá el Rey de Europa,
Acompañado por los de Aquilón:
De rojos y blancos conducirá gran tropa
E irán contra el Rey de Babilonia.

El grifo es un animal fantástico, medio águila, medio león. En la mitología habitaba en los montes Urales, entre los Hiperbóreos (el extremo Norte de los poetas) y los Arimaspes, pueblo situado entre los Cárpatos y el Don; el grifo designa Rusia y alude a la bandera nacional rusa (el águila de dos cabezas), recuperada después de la caída del Imperio soviético.

El jefe de Europa vendrá como una rapaz con los rusos; dirigirá un gran ejército de rojos (comunistas y ex comunistas) e islámicos (uzbekos, tadzhikos, etc.) y marcharán contra Irak.

II, 68

De l'Aquilon les efforts seront grands,
sur l'Océan sera la porte ouverte:
Le regne de l'Isle sera reintegrant,
Tremblera Londres par voille descouverte.

Del Aquilón los esfuerzos serán grandes,
Al Océano estará la puerta abierta:
El reino en la Isla será reintegrado,
Temblará Londres por vela descubierta.

Los esfuerzos de Rusia serán grandes, el acceso al Océano (Atlántico) estará abierto (¿para la flota rusa del Báltico?); el poder inglés quedará encerrado en su isla y Londres temblará, pues el acceso a la ciudad habrá sido abierto por la marina (¿desembarco?).

IX, 99

Vent Aquilon fera partir le siège,
Par murs jetter cendres, chaulx & poussiere:

Par pluie après qui leur fera bien piege,
Dernier secours encontre leur frontiere.

Viento Aquilón hará partir la sede,
Por muro arrojar cenizas, cales y polvo:
Por lluvia luego les hará buena trampa,
Último socorro hacia sus fronteras.

En francés antiguo *encontre* significa «encuentro, combate».

El empuje ruso hará partir la sede (del gobierno); los muros serán reducidos a cenizas, a cales (la cal entra en la composición de numerosos morteros, a menos que se trate de guerra química) y a polvo. Tras ello, la lluvia (¿bombardeos?) les tenderá una trampa y un postrer socorro será enviado al combate en las fronteras.

PRESAGIO 34

Poeur, glas grand pille, passer mer croistre regne,
Sectes, Sacrez outremer plus polis:
Peste, chaux, feu, Roy d'Aquilon l'enseigne,
Dresser Trophée cité d'HENRIPOLIS.

Miedo, ruido, gran saqueo pasará el mar, acrecentar reino
Sectas, Sagradas ultramar mejor estado:
Peste, canto, fuego, Rey de Aquilón la enseña,
Levantar trofeo ciudad de HENRIPOLIS.

En francés antiguo *glas* significa «gran ruido» y *polir*, «poner en mejor orden, tener en mejor estado». Trofeo procede del griego *tropaion* (τροπαιον), que significa «triunfo, victoria». Enrique I, nieto de Hugo Capeto, adquirió el condado de Sens que fue durante mucho tiempo la metrópolis de París; Henripolis designa, pues, París; el pleonasmo ciudad y *polis* (que significa «ciudad» en griego) se utiliza para aludir a la palabra metró*polis*.

Miedo, gran ruido y saqueo, Rusia pasará por mar para acrecentar su poder, en la época en que las sectas harán hablar de ellas; los cristianos de ultramar (¿los americanos?) estarán mejor preparados. Se conocerán la epidemia, la guerra química, el fuego bajo la bandera del jefe de Estado ruso, que saboreará su victoria en París.

Par la discorde defaillir au defaut,
Un tout à coup le remettra au sus:
Vers l'Aquilon seront les bruits si hauts,
Lesions, pointes à travers, par dessus.

Por la discordia desfallecer en defecto,
Uno de pronto le pondrá de pie:
Hacia Aquilón será tan fuerte el ruido,
Lesiones, puntas a través, por encima.

En francés antiguo *defaut* significa «falta, error» y *sus* «en alto».
Puntas es probablemente una alusión a la cabeza puntiaguda de los
cohetes.

A causa de la discordia que será un defecto, se derrumbarán (cf.
Par la discorde, négligence gauloise, I, 18). Los ruidos (¿de guerra?)
serán tan fuertes hacia Rusia que hará daños a causa de los cohetes
que pasarán a través del cielo y por encima de la tierra.

x, 69

Le fait luysant de neuf vieux eslevé,
Seront si grands par midy Aquilon:
De sa seur propre grandes alles levé,
Fuyant murdry au buisson d'Ambellon.

El hecho brillando de nuevo viejo elevado,
Serán tan grandes por mediodía Aquilón:
De su seguro propio grandes alas levantadas,
Huyendo lastimado en los matorrales de Ambellon.

En francés antiguo, *seur* significa, «que tiene seguridad» y *mor-
drir*, «matar», asesinar. Ambellon, en griego Ampellos (Αμπελλοσ),
es una ciudad de Macedonia; Nostradamus sustituyó de esta palabra
la labial *p* por la *b*.

Por un hecho esplendoroso, un viejo personaje será elevado de
nuevo [al poder], sus esfuerzos serán tan grandes en Rusia y entre
sus aliados del Mediodía (Repúblicas musulmanas) que por su propia
seguridad las grandes alas (del águila de dos cabezas rusa) serán le-

vantadas, luego será asesinado, en su fuga, en los matorrales de Macedonia.

Loin près d'Urne le malin tourne a rière,
Qu'au grand Mars feu donra empeschement:
Vers l'Aquilon au midy la grand fiere,
FLORA tiendra la porte en pensement.

Lejos cerca de la Urna el maligno vuelve atrás,
Que el gran Marte fuego dará impedimento:
Hacia el Aquilón al mediodía el gran orgulloso,
FLORA mantendrá la puerta en pensamiento.

La Urna es el atributo de Acuario. En francés antiguo *empesche-ment* significa «tortura», *fier*, «terrible», «cruel», «violento». En la mitología, Flora es la esposa de Céfiro, el viento de occidente.

Cuando se esté cerca de la era de Acuario (2000-2025), el Maligno (Satán) regresará de lejos, hasta el punto de que provocará la tortura durante el fuego de la gran guerra a causa de la (gente cruel y) orgullosa (el islam, véase II, 79), desde Rusia hasta los países musulmanes. El Occidente tendrá la puerta abierta a (la libertad) de pensamiento.

VI, 44

De nuict par Nantes Lyris apparoistra,
Des arts marins sustiteront la pluie:
Arabiq goulphre grand classe parfondra,
Un monstre en Saxe naistra d'ours & de truye.

De noche por Nantes la paz aparecerá,
Artes marinas suscitarán lluvia:
Arábigo golfo gran flota hundirá,
Un monstruo de Sajonia nacerá de oso y cerda.

En la mitología, Iris es la mensajera de los dioses, esposa de Céfiro, el viento de occidente; probablemente Nostradamus designe así Estados Unidos. En francés antiguo *parfondre* significa «derribar por completo» y *monstre*, «cosa prodigiosa, increíble». El oso designa siempre Rusia. Cerda se dice en latín *troja*, como la ciudad de Troya por comparación con el caballo de los griegos, cuyo vientre estaba lleno de soldados; Nostradamus se refiere probablemente a Turquía a causa del emplazamiento geográfico de la antigua Troya.

(La flota americana) aparecerá de noche por Nantes. Las artes militares de la marina provocarán la lluvia (¿bombardeos?). Una gran flota (¿occidental?) será hundida en el golfo Pérsico (o arábigo). Entonces se iniciará una cosa increíble en Alemania a causa de Rusia y de Turquía.

Ticino, punto estratégico

IV, 37

> *Gaulois par saults monts viendra pénétrer,*
> *Occupera le grand lieu de l'Insubre,*
> *Au plus profond son ost fera entrer,*
> *Gennes, Monech pousseront classe rubre.*

Galos por saltos montes vendrá penetrar,
Ocupará el gran lugar de Insubre,
En lo más profundo su hueste hará entrar,
Génova, Mónaco rechazarán ejército rojo.

Los insubrios eran los habitantes de la Galia transpadana, hoy el Milanesado. *Ost* («hueste») significa «ejército» en francés antiguo. *Rubre* es un afrancesamiento de la palabra latina *rubor*, «rojez».

Los franceses con asaltos lograrán atravesar las montañas (¿Alpes?) y ocupar Milán; harán penetrar profundamente su ejército y rechazarán el ejército de los Rojos en Génova y Mónaco.

II, 26

> *Pour la faveur de la cité fera,*
> *Au grand qui tost perdra camp de bataille*
> *Puis le rang Pau Thesin versera,*
> *De sang, feux mors noyez de coup de taille.*

Por el favor que la ciudad hará,
Al grande que pronto perderá campo de batalla
Luego la hilera Pau Ticino derramará,
De sangre, fuegos muertos aniquilados con golpes de tajo.

El contexto permite decir que la palabra Pau no designa la ciudad de los Pirineos atlánticos sino el Po, en Italia (*Padus* en latín).

A causa del recibimiento que la ciudad (¿Milán?) hará al jefe que rápidamente abandonará el campo de batalla, se huirá por el eje Po-Ticino que será trastornado: sangre, fuego de la guerra, muertos, aniquilados por las armas.

VI, 79

Près du Thesin les habitants de Loyre,
Garonne & Saone, Seine, Tain & Gironde:
Outre les monts dresseront promontoire,
Conflict donné, Pau granci, submergé onde.

Cerca de Ticino los habitantes del Loira,
Garona y Saona, Sena, Tain y Gironda:
Más allá de los montes levantarán promontorio,
Conflicto dado, Pau triste, sumergido en las olas.

Dada la enumeración de ríos, podemos suponer que Tain-l'Hermitage consta aquí en vez del Ródano. En francés antiguo la palabra *dresse* designa un «sendero» o un «camino». Promontorio procede de la palabra latina *promunturium* que significa «parte avanzada de una cadena de montañas». La palabra *granci* plantea un problema, porque no existe; tal vez haya sido fabricada a partir de la palabra del francés antiguo *gran* que significa «triste».

Junto al Ticino, los habitantes de las regiones del Loira, el Garona, el Saona, el Sena, el Ródano y la Gironda se pondrán en camino para pasar más allá de las montañas, habiendo estallado la guerra, estando el valle del Po en la tristeza, durante una inundación.

II, 72

Armée celtique en Italie vexée,
De toutes parts conflict & grande perte,

137

Romains fuis, ô Gaule repoulsée,
Près du Thessin, Rubicon pugne incerte.

Ejército céltico en Italia vejado,
Por todas partes conflicto y grandes pérdidas,
Romanos huidos, ¡Oh, Galia rechazada!,
Cerca de Ticino, Rubicón pugna incierta.

En latín *rubicondus* significa «de un rojo vivo». Nostradamus
da probablemente un doble sentido a la palabra: los Rojos por una
parte y el río tributario del Adriático, cuyo nombre es hoy el de Pisatello.

El ejército francés sufrirá una derrota en Italia; habrá guerra y
grandes pérdidas por todos lados. Los romanos huirán, los franceses
serán expulsados; la batalla será incierta para los Rojos cerca de Ticino (y del Pisatello).

IV, 90

Les deux copies aux murs ne pourront joindre,
Dans cest instant trembler Milan, Ticin:
Faim, soif, doutance si fort les viendra poindre,
Chair, pain, ne vivres n'auront un seul boucin.

Los dos ejércitos en los muros no podrán unirse,
En aquel instante temblar Milán, Ticino:
Hambre, sed, duda tan fuerte vendrá pinchar,
Carne, pan, ni víveres tendrán una sola pizca.

En francés antiguo, *doutance* significa «duda, temor» y *poindre*,
«pinchar». *Boucin* es una palabra provenzal que significa «pedazo,
bocado». Los dos ejércitos no podrán reunirse en los muros (¿Roma?),
pues en aquel momento Milán y el Ticino temblarán y serán atacados
por el hambre, la sed y el temor, pues no habrá una sola pizca de carne, de pan ni de víveres.

Persia o Irán. El mar Negro

III, 31

Aux champs de Mede, d'Arabe & d'Arménie,
Deux grands copies trois fois s'assembleront:
Près du rivage d'Araxes la mesgnie,
Du grand Soliman en terre tomberont.

En los campos de Media, de Arabia y de Armenia,
Dos grandes ejércitos tres veces se reunirán:
Cerca del río Araxes la mesnada,
Del gran Solimán en tierra caerá.

Medas o persas son hoy los iraníes. *Copiae* en latín significa «tropas». El Araxes es un río de Armenia que luego sirve de frontera entre Azerbaiján e Irán. En francés antiguo *mesgnie* («mesnada») significa «tropa». Por lo que se refiere al gran *Solimán*, podría intentarse aplicar la cuarteta al reinado de Solimán el Magnífico (1494-1566, año de la muerte de Nostradamus); por desgracia, las campañas que aquí se describen no tuvieron lugar en aquella época. Sin embargo, Georgia y el Daghestán fueron conquistados por Solimán en 1549 y 1550, es decir, cinco años antes del comienzo de la profecía (1555). Nos vemos, pues, llevados a considerar la cuarteta como referente a acontecimientos por venir, tanto más cuanto la región de que se trata se halla hoy en una peligrosa inestabilidad: conflicto en Armenia, en Azerbaiján (Nagorny-Karabaj), en Osetia, en Abjazia y en Chechenia.

En Irán, en Arabia y en Armenia dos grandes ejércitos se reunirán tres veces, las tropas irán por las orillas del Araxes y los soldados islámicos caerán al suelo.

V, 27

Par feu & armes non loin de la marnegro,
Viendra de Perse occuper Trébisonde:
Trembler Phato, Methelin, sol alegro,
De sang Arabe d'Adrie couvert onde.

Por fuego y armas no lejos del mar Negro,
Vendrá de Persia a ocupar Trebisonda:

Temblar Fato, Methelin, suelo alegro,
De sangre árabe de Adria cubierta la onda.

Marnegro se refiere, claro, al mar Negro. Trebisonda es una ciudad turca de este mar. *Phato* procede de *Phatares*, que era un pueblo de Meótida, hoy en Crimea, manzana de la discordia entre Rusia y Ucrania. Methelin es la antigua Mitilene, en la isla griega de Lesbos, en el mar Egeo, frente a Turquía. Como en X, 38, *alegro* es anagrama de Argel con una *o* para que rime con *marnegro*.

Por la guerra y las armas, no lejos del mar Negro (un ejército) procedente de Irán ocupará Trebisonda. Crimea, el mar Egeo y el suelo argelino temblarán; el mar Adriático estará cubierto de sangre árabe.

Esta guerra producirá daños en la fauna acuática del mar Negro:

II, 3

Pour la chaleur solaire sus la mer,
De Negrepont les poissons demy cuits,
Les habitants les viendront entamer,
Quand Rhod & Gennes leur faudra le biscuit.

Por el calor solar sobre el mar,
Del Negroponto los peces medio cocidos,
Los habitantes los vendrán a destruir,
Cuando Rodas y Génova necesitarán galleta.

Negrepont es una palabra fabricada por Nostradamus con *negre* y *pont*, que en griego significa «el mar»; se trata, pues, del mar Negro (cf. *marnegro*).

A causa del calor solar (¿explosión atómica?) en el mar, los peces del mar Negro estarán medio cocidos y los habitantes los destruirán cuando Rodas y Génova necesitarán provisiones.

¿Será acaso la destrucción de Estambul lo que provocará esta catástrofe en el mar Negro?

VI, 85

La grand cité de Tharse par Gaulois
Sera destruite, captifs tous à Turbant:

Secours par mer du grand Portugalois,
Premier d'esté le jour du sacre Urban.

La gran ciudad de Tracia por Galos
Será destruida, cautivos todos en Turbante:
Socorro por mar del gran Portugués,
Primero de estío el día del sagrado Urbano.

La palabra *Tharse* procede del griego *Thrassa* (θρασσα), Tracia,
cuya gran ciudad es Estambul.

Estambul será destruida por los franceses, a causa de los prisioneros del islam. El socorro de un gran jefe portugués llegará por mar
entre el día de San Urbano (25 de mayo) y el primer día de verano
(21 de junio).

Encontraremos una cuarteta que se refiere al Irán (v, 25) en el
apartado «Hipótesis de cronología», al final del capítulo 4.

v, 86

Par les deux testes, & trois bras séparées,
La grand cité sera par eaux vexée:
Des Grands d'entre eux par exil esgarés,
Par teste Perse Byzance fort pressée.

Por las dos cabezas y tres brazos separados,
La gran ciudad será por aguas vejada:
De los Grandes de entre ellos por exilio extraviados,
Por cabeza Persia Bizancio muy apretada.

El agua es utilizada por Nostradamus para designar una inundación o tumultos populares. La *gran ciudad* designa siempre París,
capital del país del profeta. En francés antiguo *esgarér* significa
«alejar, apartar». *Presser* en sentido figurado significa «atormentar,
abrumar».

A causa de dos jefes de Estado y de tres ministros que se habrán
separado de ellos, París será afectado por una inundación (o por tumultos). Algunos de los hombres de poder serán llevados al exilio. El
jefe de Estado iraní atormentará Turquía.

Le chef d'Escosse avec sixs d'Allemagne,
Par gens de mer Orientaux captifs:
Traverseront le Calpre & Espagne,
Présent en Perse au nouveau roy craintif.

El jefe de Escocia, con seis de Alemania,
Por gente de mar orientales cautivos:
Cruzarán el Calpre y España,
Presente en Persia al nuevo rey temeroso.

Podemos preguntarnos si Nostradamus al hablar de Escocia no se referirá a Estados Unidos, pues Nueva Escocia es un Estado canadiense limítrofe con Estados Unidos. Calpe es el antiguo nombre de Gibraltar.

El jefe de Estado americano con seis hombres políticos o militares alemanes, después de que unos orientales hayan sido hechos prisioneros por la marina, atravesarán España y el estrecho de Gibraltar para hacer una proposición al nuevo jefe de Estado iraní, temeroso.

Flambeau ardent au ciel soir sera veu,
Près de la fin et principe du Rosne,
Famine, glaive, tard le secours pourveu,
La Perse tourne envahir Macédoine.

Antorcha ardiente en el cielo noche será vista,
Cerca del fin y principio del Ródano,
Hambre, espada, tarde el socorro previsto,
Persia vuelve a invadir Macedonia.

Era frecuente en el siglo XVI utilizar las palabras antorcha, espada, lanza, estrella cabelluda, astro crinita para designar los cometas.

Se verá un cometa en el cielo, por la noche, desde las fuentes hasta la desembocadura del Ródano. Se conocerá el hambre, la espada (de la guerra); la ayuda será aportada tarde. Irán volverá a invadir Macedonia.

II, 43

Durant l'estoille chevelue apparente,
Les trois grands princes seront faits ennemis:
Frappez du ciel paix terre trémulent,
Pau, timbre undans, serpent sus le bort mis.

Durante la estrella cabelluda aparente,
Los tres grandes príncipes se habrán hecho enemigos:
Golpeado por el cielo paz tierra tremolante,
Pau, timbre agitado, serpiente puesta en el borde.

Mientras el cometa sea visible, los tres Grandes serán hechos ene-migos. En paz serán golpeados por el cielo y por temblores de tierra, crecidas del Po y del Tíber; el demonio (o el dragón) se instalará en sus orillas.

Nostradamus dio las coordenadas astronómicas de este cometa así como el eje en el que será más visible. Recordemos que los astróno-mos descubren cada año varios cometas, de los que no se oye hablar, porque no son visibles a simple vista ni siquiera observables con ins-trumentos de aficionados.

VI, 6

Apparoistra vers le Septentrion,
Non loing de Cancer l'estoille chevelue:
Suze, Sienne, Bo'ce, Eretrion,
Mourra de Rome grand, la nuict disparue.

Aparecerá cerca del Septentrión,
No lejos de Cáncer la estrella cabelluda:
Susa, Siena, Beocia, Eretrion,
Morirá de Roma grande, la noche desaparecida.

Susa es una ciudad italiana al oeste de Turín; Siena está en Tos-cana. Bo'ce es un afrancesamiento de la palabra griega *Boiotia* (βοιωτια), Beocia, región de Grecia al noreste de Atenas; *Eretrion* en griego (ερετριον) es la ciudad de Eretria en la isla de Eubea, fren-

143

te a Beocia. Basta, pues, con reunir estos cuatro lugares con una línea para tener el eje de visibilidad del próximo cometa. A estos territorios hay que añadirles Francia, porque en la cuarteta 96 de la centuria II, Nostradamus dice que el cometa será visible desde las fuentes hasta la desembocadura del Ródano.

El cometa aparecerá hacia el norte, no lejos de la constelación de Cáncer, según un eje Susa, Siena, Beocia y Eretria; entonces, un gran personaje de Roma (¿el papa?) morirá cuando el cometa no sea ya visible por la noche.

II, 41

La grande estoille par sept jour bruslera,
Nuee fera deux soleils apparoir,
Le gros mastin toute nuict hurlera,
Quand grand pontife changera de terroir.

La gran estrella por siete días arderá,
El cielo mostrará dos soles,
El gran mastín toda la noche aullará,
Cuando gran pontífice cambiará de tierra.

En francés antiguo, la palabra *mastin* significa «perro grande».

El cometa brillará durante siete días, hasta el punto de que el cielo mostrará dos soles. El gran perro aullará toda la noche cuando el papa cambie de territorio.

II, 15

Un peu devant monarque trucité,
Castor & Pollux en nef, astre crinite,
L'Érain public par terre & mer vuidé,
Pise, Ast, Ferrare, Turin terre interdite.

Un poco antes monarca asesinado,
Cástor y Pólux en nave, astro melenudo,
El dinero público por tierra y mar vaciado,
Pisa, Asti, Ferrara, Turín tierra prohibida.

144

En francés antiguo la palabra *nef* («nave») significa «copa» y probablemente designe aquí la constelación de la Copa, situada bajo Leo. Cástor y Pólux se hallan en Géminis, y Cáncer está situado entre Leo y estas dos estrellas. *Crinite*, en francés antiguo, significa «provisto de melena».

Un poco antes de que un jefe de Estado sea asesinado, procediendo el cometa de la Copa hacia Cástor y Pólux, el dinero público se agotará por tierra y por mar (¿ejércitos?). Pisa, Asti, Ferrara y Turín serán territorios prohibidos.

PRESAGIO 12, octubre

Vénus, Neptune poursuivra l'entreprise,
Serrez pensifs troublez les opposans:
Classe en Adrie, citez sous la Tamise,
Le quart bruit blesse de nuict les reposans.

Venus, Neptuno proseguirá la empresa,
Aprisionados pensativos, turbados los opositores:
Flota en Adria, movidos hacia el Támesis,
El cuarto ruido hiere de noche a los que reposan.

Venus es el símbolo de la corrupción y el desenfreno. En francés antiguo *serrer* significa «mantener encerrado, encerrar», y *sous* quiere decir «hacia». *Citare* en latín significa «poner en movimiento, hacer salir». Es demasiado pronto para comprender lo que Nostradamus designa con la expresión *quart bruit* («cuarto ruido»).

La corrupción proseguirá su empresa en Inglaterra. Los pensadores opuestos serán encerrados a causa del tumulto. La flota del Adriático se pondrá en camino hacia el Támesis. El ruido (¿de la guerra?) llegará de noche, a las cuatro (¿a la cuarta campanada del Big Ben?), al pueblo dormido.

PRESAGIO 13, noviembre

Le grand du ciel soubs la Cape donra,
Secours Adrie à la porte faict offre:
Se sauvera des dangers qui pourra,
La nuict le grand blessé poursuit le coffre.

145

El grande del cielo bajo la Capa dará,
Socorro Adria a la puerta hace oferta:
Se salvará de los peligros quien pueda,
La noche el Gran herido persigue el cofre.

La palabra cielo designa aquí la China, cuyo emperador es llamado *hijo del cielo*. *Sous* significa «hacia» en francés antiguo. La Capa designa al papa debido a la pequeña capa que lleva en los hombros. Dar tiene aquí el sentido de atacar, como en la expresión francesa *régiment prêt à donner* («regimiento dispuesto a atacar»). La Puerta es el antiguo nombre del imperio otomano y designa los países islámicos. En francés antiguo, *offre* («oferta») significa «saqueador», y *coffre* quiere decir «ataúd». Perseguir tiene aquí el sentido del verbo latino *prosequor*, «acompañar, conducir a alguien en cortejo».

El gran jefe asiático atacará al papa; llegará socorro al Adriático contra el saqueo del islam. Se salvará de esos peligros quien pueda. El gran personaje herido será acompañado a la tumba (morirá).

v, 55

De la felice Arabie contrade,
Naistra puissant de loy Mahometique,
Vexer l'Espagne, conqueter la Grenade,
Et plus par mer à la gent Lygustique.

De la feliz Arabia región,
Nacerá poderoso de la ley Mahometana,
Vejar España, conquistar Granada,
Y además por mar a la gente Ligústica.

Un poderoso personaje de la ley islámica nacerá en la Arabia feliz, luego someterá España, conquistará Granada que será todavía más (vejada) por mar por los turcos.

ESPAÑA

Nostradamus consagró a España setenta y cinco cuartetas que cubren el período de 1555 a 2050. El propio nombre de España se cita treinta y una veces; las otras palabras son ciudades, montañas o ríos.

El rey Juan Carlos I era anunciado en un texto que le promete un papel eminente en el conflicto por venir:

x, 95

Dedans les Espagnes viendra roy tres puissant,
Par terre & mer subjugant or midy:
Ce mal fera, rabaissant le croissant,
Baisser les aeles à ceux du vendredy.

A las Españas llegará rey muy poderoso,
Por mar y tierra subyugará el mediodía:
Este mal hará, rebajando el creciente,
Bajar las alas a los del viernes.

En francés antiguo *or* significa «borde, lado». En arte militar, la palabra ala designa las partes laterales de un ejército de tierra o de mar, en marcha o en orden de batalla; Nostradamus se refiere aquí a los ejércitos. El viernes es el día de descanso para los musulmanes, como el sábado lo es para los judíos y el domingo para los cristianos. Habríamos podido intentar aplicar esta cuarteta a Carlos V, emperador de Alemania y rey de España, que derrotó a Barbarroja en 1535 y tomó Túnez, aunque fracasó ante Argel en 1541. Pero la profecía comienza en 1555 y Nostradamus no podía anunciar la llegada de un rey que ya estaba en el trono. Por otra parte, en Lepanto, en 1571, fue don Juan de Austria el que combatió a los turcos, y en 1683, en el sitio de Viena, fue Juan Sobieski, rey de Polonia.

Un rey muy poderoso llegará a España; por tierra y mar someterá los países del Mediodía (el Magreb, al sur de España); hará este daño para rebajar a la gente del creciente (los islámicos) y reducir los ejércitos de quienes observan el viernes.

IV, 5

Croix paix, soubs un accompli divin verbe,
L'Espagne & Gaule seront unies ensemble:
Grand clade proche, & combats très acerbe,
Coeur si hardy ne sera qui ne tremble.

Cruz paz, bajo un cumplido divino verbo,
España y Galia estarán unidas juntas:
Gran desastre próximo y combate muy acerbo,
Corazón tan osado no habrá que no tiemble.

En latín, *clades* significa «desastre militar, derrota». Para que los cristianos vivan en paz, será necesario que se cumpla la profecía. España y Francia serán aliadas. Una gran derrota está próxima y también una durísima batalla; incluso los más valerosos temblarán.

v, 59

Au chef Anglois à Nismes trop séjour,
Devers l'Espagne au secours Aenobarb:
Plusieurs mourront par Mars ouvert ce jour,
Quand en Artois faillir estoille en barbe.

Al jefe inglés en Nîmes demasiada estancia,
Hacia España al socorro Aenobarbo:
Varios morirán por Marte abierto ese día,
Cuando en Artois aparezca estrella con barba.

Enobarbo o «barba de bronce» consta aquí por Barbarroja, como referencia a los dos hermanos que reinaron en Argel de 1516 a 1546; sin duda hay aquí también una alusión a los integristas *barbudos*. Nostradamus utiliza a menudo su historia contemporánea para personalizar acontecimientos o personajes sobre los que profetiza. Enobarbo denomina, pues, a un jefe islámico.

El jefe anglo (¿-americano?), que habrá permanecido demasiado tiempo en Nîmes, acudirá a socorrer España contra el jefe islámico, cuando el cometa no sea ya visible en Artois.

MARSELLA

III, 86

Un chef d'Ausone aux Espagnes ira,
Par mer fera arrest dedans Marseille,
Avant sa mort un long temps languira,
Après sa mort on verra gran merveille.

Un jefe de Ausonia irá a las Españas,
Por mar hará detención en Marsella,
Antes de su muerte largo tiempo languidecerá,
Después de su muerte se verá gran maravilla.

Ausonia es, en latín, el antiguo nombre de Italia.

Un jefe italiano se dirigirá a España y por mar se detendrá en
Marsella; languidecerá mucho tiempo antes de morir y después de su
muerte se verá una gran maravilla.

I, 72

Du tout Marseille des habitants changée,
Course & poursuite jusques aupres de Lyon,
Narbon, Toloze, par Bourdeaux outragée
Tuez captifs presque d'un million.

De todo Marsella los habitantes cambiados,
Carrera y persecución cerca de Lyon,
Narbona, Toulouse, por Burdeos ultrajada,
Cautivos muertos casi un millón.

Marsella verá cambiar sus habitantes; habrá una carrera y una persecución hasta casi Lyon; Narbona y Toulouse serán ultrajadas por
gente llegada de Burdeos y casi un millón de prisioneros morirá.

La siguiente cuarteta permite aportar una importante precisión.
Varios autores, desde 1981, han escrito libros para demostrar que
Nostradamus no había hecho profecías sino que había contado acontecimientos del pasado, es decir anteriores a 1555. Así, Marsella fue
arrasada por los sarracenos en 836. La cuarteta 88 de la centuria III se
atribuyó, pues, a este acontecimiento. Por desgracia para esos exégetas poco cuidadosos con las precisiones de la historia, Ludovico Pío,
rey de Aquitania que había cruzado los Pirineos en 799, marchó sobre Barcelona en 800 a la cabeza de tres cuerpos de ejército, y tras un
asedio de siete meses, llevado vigorosamente por Ermenguer, conde
de Gerona y de Ampurias, el joven rey asistió personalmente a la
rendición de la ciudad, que capituló; entró en ella con gran pompa,
precedido por el clero, que avanzaba en procesión y cantando him-
nos. En 801, Barcelona volvía a ser cristiana y el conde Bera, hijo del
conde de Toulouse Saint-Guillaume de Gellone, se convertía en go-

149

bernador de la ciudad. En 836, los árabes no podían, pues, salir de Barcelona para saquear Marsella. Ese tipo de investigación y precisiones permite clasificar las cuartetas en lo por venir.

III, 88

De Barcelonne par mer si grand'armée,
Toute Marseille de frayeur tremblera:
Isles saisies de mer ayde fermée,
Ton traditeur en terre nagera.

De Barcelona por mar tan gran ejército,
Todo Marsella de terror temblará:
Islas ocupadas por mar ayuda cerrada,
Tu traidor en tierra nadará.

Tan gran ejército llegado por mar de Barcelona hará temblar Marsella de espanto; habiendo sido tomadas las islas (del Mediterráneo), el socorro por mar estará cerrado (¿Gibraltar?). Tu traidor desembarcará.

La siguiente cuarteta proporciona precisiones complementarias.

X, 88

Pieds & cheval à la seconde veille,
Feront entrée vastient tout par la mer:
Dedans le poil entera de Marseille,
Pleurs, crys, & sang, onc nul temps si amer.

Pies y caballos en la segunda vigilia,
Harán entrada devastándolo todo por mar:
Dentro el botín entrará en Marsella,
Lloros, gritos y sangre, nunca se vio tiempo tan amargo.

En francés antiguo *poil* significa «botín».

La infantería y los blindados entrarán, en la segunda parte de la noche (entre 21 horas y la medianoche), y lo devastarán todo por mar en Marsella, a causa del botín: lloros, gritos, sangre, jamás existió tiempo tan amargo.

150

L'Ordre fatal sempiternel par chaisnes,
Viendra tourner par ordre conséquent:
Du port Phocen sera rompue la chaisne,
La cité prince, l'ennemy quant & quant.

El orden fatal sempiterno por cadenas,
Vendrá a cambiar por orden consecuente:
Del puerto Foceo será rota la cadena,
La ciudad tomada, el enemigo cuanto y cuanto.

Dado el contexto de las cuartetas precedentes, el orden fatal representa muy probablemente la ley islámica basada en la fatalidad, completado el concepto por la expresión *sempiterno por cadenas,* siempre encadenado por la fatalidad. En francés antiguo *tourner* significa «regresar».

La ley (islámica), que encadena desde siempre volverá por una decisión siguiente. La defensa de Marsella será rota y la ciudad será tomada por una multitud de enemigos.

IX, 85

Passer Guienne, Languedoc & le Rosne,
D'Agen tenans de Marmande & la Roole:
D'Ouvrir par foy parroy Phocen tiendra son trosne,
Conflict aupres sainct pol de Manseole.

Pasar Guyenne, Languedoc y el Ródano,
De Agen tenientes de Marmande y la Réole:
De abrir por fe playa Focea tendrá su trono,
Conflicto cerca san pol de Manseole.

En francés antiguo *parroy* significa «playa». Por analogía, el trono es la sede alegórica en la que los fieles de una religión suponen sentado a su dios. Saint-Pol-de-Mausole es una aldea junto a Saint-Rémy-de-Provence, ciudad natal de Nostradamus.

Los que tendrán Agen, Marmande y La Réole pasarán a Guyenne, en el Languedoc y al Ródano, para abrir, a causa de su fe (¿integrismo islámico?), las costas de Marsella donde se mantendrá el trono (¿de Alá?), a pesar del conflicto cerca de Saint-Pol-de-Mausole.

Ataque de las fronteras

III, 4

Quand seront proches le defaut des lunaires,
De l'un à l'autre ne distant grandement,
Froid, siccité, danger vers les frontieres,
Mesme où l'oracle a pris commencement.

Cuando estará próximo el defecto de los lunares,
Del uno al otro no distando mucho,
Frío, sequía, peligro hacia las fronteras,
Incluso donde el oráculo se ha iniciado.

Cuando la caída de los islamistas esté próxima, habrá poca distancia de un (acontecimiento) al otro. Frío, sequía, peligro hacia las fronteras, incluso donde nació el profeta (Saint-Rémy-de-Provence).

PRESAGIO 29, julio

Guerre, tonnerre, maints champs de populez,
Frayeur & bruit, assault à la frontiere:
Grand Grand failli, pardon aux exilez,
Germains, Hispans par mer Barba. banniere.

Guerra, trueno, muchos campos despoblados,
Espanto y estruendo, asalto en la frontera:
Grande Grande caído, perdón a los exiliados,
Germanos, Hispanos por mar Barba. estandarte.

Se conocerá la guerra y el ruido de la guerra; numerosos lugares quedarán despoblados; espanto y ruido; ataque a la frontera. Cuando el gran personaje haya muerto, los deportados serán rehabilitados. Los alemanes y los españoles habrán sido atacados por mar por el ejército islámico.

152

Par pestilence et feu fruits d'arbres periront,
Signe d'huile abonder. Pere Denys non gueres:
Des grands mourir. Mais peu d'estrangers failliront,
Insult, marin barbare, & dangers de frontières.

Por pestilencia y fuego frutos de árboles perecerán,
Signo de aceite abundar. Padre Denys no muchos:
Grandes morir. Pero pocos extranjeros perecerán,
Ataque, marina bárbara, y peligros de fronteras.

Por lo que se refiere al aceite, podemos preguntarnos si no se tratará de productos tóxicos de la guerra química o de petróleo en llamas. La expresión *Pere Denys non gueres* no tiene, a primera vista, ningún significado. Sólo el contexto y la comparación con otras cuartetas pueden permitirnos hallar el significado de la frase. Ya hemos visto que la costa mediterránea de España desempeña un papel importante con respecto a las fuerzas islámicas y que Denys designa, probablemente, la pequeña villa de Denia, cerca de Alicante; podemos, pues, suponer que la palabra Pere es un nombre geográfico *acortado* por apócope; se trataría, pues, del pueblo de Perelló, que está cerca de Tarragona. *Insultare* significa en latín «atacar».

A causa de la pestilencia y por el fuego (de la guerra), los frutos de los árboles perecerán, debido a la abundancia de aceite (¿armas químicas?). Pere(lló) y Denia no serán muy (respetados). Personalidades importantes morirán, pero pocos extranjeros lo harán. La flota islámica atacará y habrá peligro en las fronteras.

En la cuarteta siguiente, Nostradamus precisa que Francia (El Hexágono) será atacada por cinco lados:

I, 73

France à cinq part par neglect assaillie,
Tunys, Argal esmeuz par Persiens:
Leon, Seville, Barcelonne faillie,
N'aura la classe par les Venitiens.

Francia por cinco partes por negligencia asaltada,
Túnez, Argel movidos por los Persas:

León, Sevilla, Barcelona caerán,
No habrá ejército por los Venecianos.

En francés antiguo *esmovoir* significa «excitar, levantar».

A causa de su negligencia, Francia será asaltada por cinco fronteras, después de que Túnez y Argelia sean sublevados por Irán; León, Sevilla y Barcelona habrán caído y no serán (socorridas) por la flota del Adriático. (Esta cuarteta debe relacionarse con I, 18: «Por la discordia *negligencia* gala, estará a Mahoma el paso abierto...».)

Con respecto al integrismo islámico en Argelia, en *Le Monde* del jueves 16 de enero de 1992, de la pluma de Jacques de Barrin, podía leerse un artículo titulado «Matices americanos y amenazas iraníes»: «El martes, a través de radio Teherán, las autoridades iraníes siguieron denunciando firmemente la anulación de las elecciones en Argelia. Con amenazas apenas veladas, Irán considera que los partidarios del Frente Islámico de Salvación (FIS) están obligados a recurrir a la violencia, puesto que han sido privados de su victoria electoral. Teherán subraya que la actitud de los dirigentes argelinos empujará *"a las fuerzas islámicas a utilizar medios no pacíficos"*».

VIII, 21

Au port de Agde trois fustes entreront,
Portant l'infect non foy et pestilence:
Passant le pont milles embleront,
Et le pont rompre à tierce résistance.

En el puerto de Agde tres fustas entrarán,
Llevando el infecto no fe y pestilencia:
Pasando el mar miles huirán,
Y el mar romper tercera resistencia.

En francés antiguo *infect* significa «envenenado», *embler* quiere decir «huir» y *tierce* es la tercera hora del día. *Pont*, en griego, es el mar.

Tres barcos de guerra entrarán en el puerto de Agde, llevando veneno, una fe (no cristiana) y la pestilencia. Miles y miles de personas huirán por mar, después de que la resistencia por mar se haya roto a las tres de la madrugada.

Deux grands frères seront chassez d'Espagne,
L'aisné vaincu sous les monts Pyrénées:
Rougir mer, Rosne, sang Leman d'Allemagne
Narbon, Blyterre, d'Agath contaminées.

Dos grandes hermanos serán expulsados de España,
El mayor vencido bajo los montes Pirineos:
Enrojecer mar, Ródano, sangre Leman de Alemania
Narbona, Blyterre de Agath contaminadas.

Podemos preguntarnos si estos dos hermanos no serán jefes islámicos (véase V, 59, traducida más adelante). Blyterre consta aquí por Biterre y se refiere a los habitantes de Béziers, es decir, los biterrenses. Agath procede del griego *agathos* (αγαθοσ), origen del nombre de la ciudad de Agde.

Dos grandes hermanos (¿de armas?) serán expulsados de España, después de que el mayor haya sido vencido bajo los Pirineos. El mar se enrojecerá y también el Ródano, la sangre correrá en el lago Léman y en Alemania. Narbona y Béziers serán contaminadas por quienes (hayan llegado) a Agde.

VIII, 49

Satur au boeuf iove en l'eau, Mars en fleiche,
Six de fevrier mortalité donra:
Ceux de Tardaigne à Bruges si grand breche,
Qu'à Ponterose chef Barbarin mourra.

Satur al buey Júpiter en el agua, Marte en flecha,
Seis de febrero mortalidad dará:
Los de Tardaigne en Brujas tan gran brecha,
Que Ponteroso jefe Bárbaro morirá.

Iove viene de *Jovis*, «Júpiter» en latín. Tardaigne se refiere al *Tardenois*, que es hoy una región entre el Aisne y el Marne. Ponteroso es una palabra compuesta de *pont*, que en griego significa «mar», y *roso* por rojo; se trata, pues, con toda probabilidad, del mar Rojo.

Cuando Saturno esté en Tauro y Júpiter en Escorpio, la guerra aumentará y el 6 de febrero será especialmente mortal. Los que estén en el Aisne lograrán una gran brecha, mientras el jefe islámico morirá en el mar Rojo.

El último rey y la derrota del islam

Nostradamus indica en varias cuartetas y sextillas que un rey de la rama primogénita de los Borbones (como Juan Carlos I) podría aparecer, durante esta guerra, cuando todo se creyera perdido, y se lanzaría a una guerra de reconquista.

Da a este personaje «providencial», como los que esmaltan la historia de Francia (santa Genoveva, Juana de Arco, Enrique IV, Charles de Gaulle, etc.), distintos calificativos, para precisar una legitimidad indiscutible con respecto a los numerosos pretendientes al trono de Francia:

- Borbón (descendiente de Enrique IV).
- Hércules y Ogmion (Ogmion era el equivalente de Hércules entre los galos) por la legitimidad de los Valois. En efecto, el cuarto hijo de Catalina de Médicis y Enrique II, el duque de Anjou, se llamaba *Hércules*-Francisco; murió en 1584, antes que su hermano Enrique III y, por lo tanto, no reinó.
- El rey de Blois por la legitimidad de los Capeto; en efecto, los condes de Blois procedían de la familia de Hugo Capeto; Blois fue también la morada favorita de los Valois.
- El Lorenés (*Lorrain*) que encontramos en forma de anagramas: el Lorvarin (para Lorrain V por Quinta República) o el Norlaris. Este calificativo da también al futuro rey la legitimidad de los Carolingios, a causa de Ludovico Pío, rey de Francia y emperador de Occidente, que era hijo de Carlomagno y rey de Lorena.
- CHYREN, anagrama de Henryc. Es preciso advertir que Nostradamus dedicó su *Carta a Enrique, rey de Francia segundo* y no al rey Enrique II porque, en realidad, dirige esta misiva al futuro rey de Francia, llamado «el gran CHYREN» (HENRYC). Por otra parte, la palabra segundo, del latín *secundus*, significa «compasivo» y da, pues, a este rey el papel de «salvador» que las cuartetas le atribuyen. Finalmente, en una enumeración, segundo supone que no hay tercero; ahora bien, a Enrique II le sucedieron Enrique III y Enrique IV.

– Troyano porque, en *La Franciade*, poema épico inconcluso de Ronsard, Francus, hijo de Héctor, príncipe troyano, escapa al furor de los griegos después del saqueo de Troya. El destino le lleva a fundar un nuevo imperio. Hyanthe, que es profetisa, desvela el porvenir a Francus y hace desfilar ante él todos los reyes de Francia que serán sus descendientes, desde Faramundo hasta Carlomagno. Nostradamus toma, pues, esta leyenda para designar al último rey de Francia, porque Francus los vio desfilar a todos.
– El Real o el Gran Real o el gran rey.

x, 87

Grand roy viendra prendre port près de Nisse,
Le grand empire de la mort si en fera:
Aux Antipolles posera son genisse,
Par mer la pille tout esvanouyra.

Gran rey vendrá entrar en puerto cerca de Niza,
El gran imperio de la muerte tanto hará:
En los Antipólicos pondrá su genio,
Por mar el saqueo todo desaparecerá.

El imperio de la muerte se refiere a la octava casa, que es la de la muerte en astrología, y cuyo señor es el planeta Plutón, dios de la muerte. Antipolle es el afrancesamiento del nombre griego de Antibes (*Antipolis*). *Genisse* consta en vez de genio, por necesidades de la rima con Nisse.

El gran jefe (islámico) desembarcará cerca de Niza y hará reinar el imperio de la muerte; en Antibes instalará su estado mayor y el botín partirá por mar.

v, 19

Le grand Royal d'or, d'airain augmenté,
Rompu la pache, par jeune ouverte guerre,
Peuple affligé par un chef lamenté,
De sang barbare sera couverte terre.

El gran Real de oro, de bronce aumentado,
Roto el pacto, por joven abierta guerra,

157

Pueblo afligido por jefe lamentado,
De sangre bárbara será cubierta tierra.

El bronce, aleación a base de cobre, servía para hacer monedas; la palabra se refiere, pues, al dinero en general. *Pache* en francés antiguo significa «pacto, acuerdo, convenio».

(El poder) del gran rey será aumentado con oro y dinero, habiendo sido roto un tratado e iniciada la guerra con un joven jefe. El pueblo será afligido por un jefe del que se lamentará y la tierra estará cubierta de sangre musulmana.

v, 80

Logmion grande Bisance approchera,
Chassée sera la barbarique ligue:
Des deux lois l'une l'estinique lachera,
Barbare et franche en perpetuelle brigue.

Logmion gran Bizancio acercará,
Expulsada será la bárbara liga:
De las dos leyes una, la pagana, cederá,
Bárbaro y franco en perpetuo tumulto.

Grande, utilizado como sustantivo, significa en francés antiguo «gran peligro». *L'estinique* es un afrancesamiento del adjetivo griego *lestikis* (ληστικισ), que significa «de piratas, de bandidos». En francés antiguo, *brigue* significa «tumulto».

Hércules (rey de Francia) se acercará a Estambul en un gran peligro; la Liga árabe será expulsada. De las dos leyes (cristiana e islámica), una, la de los piratas, cederá, estando el islam y Francia en perpetuo tumulto.

vi, 42

A Logmyon sera laissé le regne,
Du grand Selyn qui plus sera defaict:
Par les Itales estendra son enseigne,
Regy sera par prudent contrefaict.

Por Logmyon será dejado el reino,
Del gran Selyn que más será deshecho:

158

Por las Italias extenderá su enseña,
Será regido por prudente fingido.

Selyn o Selin es el afrancesamiento de la palabra griega *Selênê*
(ζελ η ν η), que significa «la luna» y designa, pues, el islam (la Media
Luna). En francés antiguo *contrefaict* significa «imitación».

El poder del gran jefe islámico será abandonado al rey, que extenderá su enseña en Italia, la cual será gobernada por un hombre sabio
que le imitará.

IV, 23

La légion dans la marine classe,
Calcine Magnes soulphre, & poix bruslera
Le long repos de l'asseurée place,
Port Selyn, Hercle feu les consummera.

La legión en la marina flota,
Calcina Magna, azufre y pez arderá
El largo reposo de la asegurada plaza,
Port Selyn, Hércules fuego las consumirá.

Calcine es un afrancesamiento de la palabra griega *Chalcis*
(Σαλκισ), nombre que llevaban tres ciudades: una en Grecia, en la
isla de Eubea, otra en Macedonia y una tercera en Siria. Magna es
una ciudad del Peloponeso. El azufre era utilizado en varios productos incendiarios y la pez designa los derivados del petróleo (¿na-
palm?). El puerto de un país islámico más próximo a Grecia es Estambul.

Por el ejército de tierra y la marina, Grecia arderá tras haber estado en paz y seguridad. En el puerto islámico, el fuego del rey les in-
cendiará.

IX, 33

Hercules, Roy de Rome & d'Annemarc,
De Gaule trois Guion surnommé:
Trembler l'Itale & l'unde de Saint-Marc,
Premier sur tous Monarque renommé.

Hércules, Rey de Roma y de Dinamarca,
De Galia tres el Guía apodado:
Temblar Italia y la ola de San Marcos,
Primero sobre todos Monarca afamado.

Hércules rey (de Francia) de Roma y de Dinamarca será apodado
el tercer Guía de Francia; hará temblar Italia y el mar Adriático y
será un monarca más afamado que cualquier otro.

x, 27

Par le cinquiesme, & un grand Hercules,
Viendront le temple ouvrir de main bellique:
Un Clement, Iule & Ascans reculés,
L'Espagne, clef, aigle, n'eurent onc si grande picque.

Por quinto y un gran Hércules,
Vendrán el templo abrir con mano bélica:
Un Clemente, Julio y Ascanio retrocedidos,
España, llave, águila, jamás tuvieron tan gran pica.

Par en francés antiguo significa «durante». Templo, poéticamen-
te, la Iglesia. *Manus* en latín, en sentido figurado, significa «fuerza».
San Clemente, ciudad española de Castilla, designa España. Ascanio
o Julio, hijo de Eneas que acompañó a su padre a Italia y al que la familia Julia de Roma hacía remontar su origen, designa Italia. Llave
(de San Pedro) designa el Vaticano y águila, Estados Unidos. En sentido figurado, *picque* significa «enfado, tormento».

Durante el quinto (Estado republicano), un gran rey liberará la
Iglesia con fuerzas armadas, habiendo retrocedido España e Italia.
Nunca España, el Vaticano y Estados Unidos conocieron tan grandes
tormentos.

En la *Carta a Enrique, rey de Francia segundo* se dice lo siguiente con respecto a este rey: «Luego, brotará un personaje del ta-
llo durante tanto tiempo estéril (los Borbones) y crecerá durante el
quinto grado (la Quinta República), para renovar toda la Iglesia cristiana...».

Les vieux chemins seront tous embellis.
Lon passera à Memphis somentrées:
Le grand Mercure d'Hercules fleur de lys,
Faisant trembler terre, mer & contrées.

Todos los viejos caminos se habrán embellecido.
Se pasará a Menfis faltados:
El Gran Mercurio de Hércules flor de lis,
Haciendo temblar tierra, mar y parajes.

Cuando Tebas hubo caído, Menfis se convirtió en capital de Egipto (hoy está a unos quince kilómetros de El Cairo); probablemente designa la capital egipcia. En francés antiguo *somentir* significa «faltar». Mercurio era conocido por su elocuencia y su belleza.

Los viejos caminos serán decorados; ocurrirán en El Cairo cosas que habían faltado. El elocuente rey de la flor de lis (de los Borbones) habrá hecho temblar la tierra, el mar y las naciones.

IX, 93

Les ennemis du fort bien esloignez,
Par chariots conduict le bastion:
Par sur les murs de Bourges esgrongnez,
Quand Hercules battra l'Haematien.

Los enemigos del fuerte bien alejados,
Por carros conducidos el bastión:
Por sobre los muros de Brujas atacados,
Cuando Hércules vencerá al Emacio.

En francés antiguo *esgrongner* significa «atacar». Emacia es el antiguo nombre de Macedonia, que formaba parte de la ex Yugoslavia. Sabemos que Grecia reivindica hoy este territorio. Las cuartetas referentes al Macedonio deben relacionarse con la cuarteta que contiene la frase «Persia vuelve a invadir Macedonia», pues el Emacio tal vez designe al jefe iraní.

Los enemigos serán alejados del fuerte y las fortificaciones estarán protegidas por los blindados. Mientras, la ciudad de Brujas será atacada, cuando el rey venza al jefe macedonio (o iraní).

x, 58

Au temps du dueil que le selin monarque,
Guerroyera le jeune Aematien,
Gaule bransler pericliter la barque,
Tenter Phossens au Ponant entretien.

En el tiempo de luto que el selin monarca,
Guerreará el joven Emacio,
Galia trastornar periclitar la barca,
Tentar Foceos al Poniente conservación.

En los tiempos de la muerte del jefe islámico, el joven macedonio (o iraní) guerreará. Francia será trastornada y la Iglesia periclitará; atacará a los marselleses, Occidente se mantendrá.

IV, 77

SELIN Monarque l'Italie pacifique
Regnes unis, roy chrestien du monde,
Mourant voudra coucher en terre blesique,
Après pyrates avoir chassé de l'onde.

SELIN monarca Italia pacífica
Reinos unidos, rey cristiano del mundo,
Muriendo querrá acostar en tierra blésica,
Después piratas haber expulsado de las olas.

Blesique es una modificación de *blésois*, habitantes de Blois.
Tras la muerte del jefe islámico, Italia estará en paz y los países en unión; el rey cristiano del mundo querrá ser enterrado en Blois, tras haber expulsado de los mares a los piratas («berberiscos»).

I, 94

Au port Selin le tyran mis à mort,
La liberté non pourtant recouvrée:

Le nouveau Mars par vindicte et remort,
Dame par force de frayeur honorée.

En puerto Selin el tirano muerto,
La libertad sin embargo no recobrada:
El nuevo Marte por venganza y guerra,
Dama por fuerza de terror honrada.

Remort en francés antiguo significa «guerra, querella» y *honorée*
(«honrada») significa «de renombre».

En el puerto islámico (¿Estambul?) el tirano será muerto, aunque
la libertad no se recupere todavía a causa de una nueva guerra por
venganza y espíritu guerrero. Un personaje femenino (del gobierno)
conseguirá renombre por su fuerza y el espanto que habrá provocado.

VI, 78

Crier victoire du grand Selin croissant,
Par les Romains sera l'Aigle clamé,
Ticcin, Milan, & Gennes n'y consent,
Puis par eux mesme Basil grand réclamé.

Gritar victoria del gran Selin creciente,
Por los Romanos será el Águila reclamada,
Ticino, Milán y Génova no consienten,
Luego por ellos mismos Basil gran reclamado.

Se trata del águila de la bandera americana. Basil procede del
griego *Basileus* (Βασιλευσ) que significa «rey».

Tras haber gritado la victoria del gran creciente islámico, los romanos aclamarán a los americanos. Ticino, Milán y Génova no querrán hacerlo, pues ellos mismos reclamarán al gran rey.

II, 1

Vers Aquitaine par insuls Britanniques,
De par eux mesmes grandes incursions:
Pluyes gelees feront terroirs iniques,
Port Selyn fortes fera invasion.

Hacia Aquitania por islas Británicas,
Por ellos mismos grandes incursiones:
Lluvias, heladas harán terrores inicuos,
Puerto Selyn fuertes hará invasión.

De Aquitania hasta las islas británicas, habrá grandes incursiones; esos territorios serán desfavorables (a los atacantes) debido a la lluvia y el frío. Poderosa será la invasión procedente del puerto islámico (¿Estambul?).

v, 35

Par cité franche de la grand mer Seline,
Qui porte encore à l'estomach la pierre:
Anglaise classe viendra sous la bruine,
Prendre un rameau, de grand ouverte guerre.

Por ciudad franca del gran mar Selin,
Que lleva todavía en el estómago la piedra:
Inglesa flota vendrá bajo la lucha,
Tomar un ramo, de gran abierta guerra.

Con la expresión *ciudad franca*, Nostradamus se refiere a La Meca, que recibe, cada año, millones de peregrinos. La Meca está a 46 kilómetros del mar Rojo, mar islámico entre Arabia y Egipto. *Stomachos* (στομαχοσ) significa en griego «orificio». En el centro del patio de la mezquita llamada Beith Allah («la casa de Dios») está, en un *orificio* de la Kaaba, *la piedra* negra que van a adorar los peregrinos. En francés antiguo *bruine* significa «lucha, tumulto» y *abierto* significa «manifiesto, evidente».

En La Meca, junto al mar Rojo, donde está todavía la piedra en un orificio, la flota inglesa se acercará combatiendo para hacer una proposición de paz, cuando la importancia de la guerra sea manifiesta.

vi, 27

Dedans les isles de cinq fleuves à un,
Par le croissant du grand Chyren Selin:
Par les bruynes fureur de l'un,
Six eschappez, cachez fardeaux de lyn.

Dentro las islas de cinco ríos a uno,
Por el creciente del gran Chyren Selin:
Por los combates furor del uno,
Seis escapar, ocultar fardos de navío.

En francés antiguo un *lyn* era una fragata ligera.

En las islas británicas, de un río (el Támesis) hasta cinco más, el gran Enrique llegará a causa del creciente del islam, provocado su furor por los combates, habiéndose escapado seis personas, ocultas en un navío.

II, 79

La barbe crespe & noire par engin,
Subjuguera la gent cruelle & fiere:
Le grand CHYREN ostera du longin,
Tous les captifs par Seline banniere.

La barba crespa y negra por ingenio,
Subyugará a la gente cruel y orgullosa:
Un gran CHYREN sacará a lo lejos,
Todos los cautivos por Selina bandera.

Engin («ingenio») en francés antiguo significa «artimaña, fraude, engaño». *Longin* se utiliza, por epéntesis, en vez de *longinquo*, «de lejos» en latín.

El gran Enrique someterá al personaje de barba crespa y negra (¿Ayatolá?) del pueblo cruel y orgulloso y sacará (de las cárceles) lejanas todos los prisioneros de la bandera islámica.

VI, 58

Entre les deux monarques eslongnez,
Lors que le Sol par Selin clair perdue:
Simulté grande entre deux indignez,
Qu'aux isles et Sienne la liberté rendue.

Entre los dos monarcas alejados,
Cuando el Sol por Selin clara perdida:

Enemistad grande entre dos indignados,
Que en las islas y Siena la libertad devuelta.

Simulté significa en francés antiguo «odio, enemistad» e *indigner*,
«odiar, despreciar». *Sol* tal vez aluda al papa Juan Pablo II, cuya divisa, en la profecía de los papas de san Malaquías, es *de labore solis*,
«del trabajo del sol».

Entre los dos jefes de Estado alejados (¿reyes de Francia y España?) cuando el sol se haya eclipsado por el jefe islámico, el odio de
los dos será grande debido a su indignación, cuando las islas británicas y Siena (Italia) hayan recobrado su libertad.

VIII, 54

Soubs la couleur du traicté marriage,
Fait magnanime par grand Chyren Selin:
Quintin, Arras, recouvrez au voyage,
D'Espagnols fait second banc macelin.

Bajo el color del tratado matrimonio,
Hecho magnánimo por gran Chyren Selin:
Quintín, Arrás, recobrados en el viaje,
De Españoles hecho segundo banco macelino.

Sub, en latín significa «bajo», pero también «inmediatamente después, a consecuencia de». En francés antiguo *couleur* («color») significa «favor, amistad». Quintín es una pequeña villa de Côtes-d'Armor
y podría referirse a Bretaña, a menos que se trate de San Quintín. El
contexto permite decir que el viaje alude a «viaje de ultramar», viaje
que los cristianos emprendían antaño para guerrear contra los musulmanes. Antes, el banco era la corte o el consejo de un soberano, y *secundus* en latín significa «favorable, propicio». En francés antiguo
macel o *maisel* significa «matanza, carnicería»; Nostradamus añadió
el sufijo in por necesidades de la rima con Selin.

Al favor de un tratado de alianza, el gran Enrique hará un acto
magnánimo para con el islam. Habiendo sido liberados Artois y Picardía (o Bretaña), gracias a la expedición contra el islam, un consejo (de Estado) será propicio a los españoles después de la matanza.

Les trois pellices de loing s'entrebattront,
La plus grand moindre demeurera à l'escoute:
Le grand Selin n'en sera plus patron,
Le nommera feu pelte blanche route.

Las tres pellizas de lejos se combatirán,
El mayor menor permanecerá a la escucha:
El gran Selin no será más patrón,
Le nombrará fuego piel blanca tropa.

Las pellizas eran prendas de honor que el sultán regalaba a sus funcionarios, así como a grandes personajes extranjeros; Nostradamus se refiere probablemente aquí a tres jefes de Estado islámicos. En francés antiguo *route* significa «tropa, compañía, flota». *Pelte* consta en vez de *pellitus*, en latín, «de piel».

Los tres jefes de Estado islámicos combatirán entre sí; el más importante estará en reserva. El gran jefe islámico no será ya el jefe y nombrará (a quien había permanecido en reserva) para que incendie la flota occidental («de piel blanca»: los blancos).

VI, 70

Un chef du monde le grand CHYREN sera,
Plus outre après ayme, craint, redouté:
Son bruit & los les cieux surpassera,
Et du seul titre Victeur fort contenté.

Un jefe del mundo el gran CHYREN será,
Plus ultra después amado, temido:
Su ruido y loanza los cielos sobrepasarán,
Y del único título Victor muy contento.

En francés antiguo, las palabras *bruit* («ruido») y *los* («loanza») significan ambas «reputación»; es una repetición enfática. *Victor* quiere decir «vencedor».

El gran Enrique será un jefe del mundo. Después será más amado todavía, y temido; su reputación sobrepasará los cielos y se satisfará muy bien con el único título de vencedor.

Le grand mené captif d'estrange terre,
D'or enchainé au Roy CHYREN offert:
Qui dans Ausone, Milan perdra la guerre,
Et tout son ost mis à feu & à fer.

El grande llevado cautivo de extraña tierra,
De oro encadenado al rey CHYREN ofrecido:
Que en Ausonia, Milán perderá la guerra,
Y toda su hueste pasada a fuego y hierro.

En francés antiguo *ost* («hueste») significa «ejército».
El jefe de Estado extranjero (¿islámico?) prisionero será ofrecido
encadenado con oro al gran Enrique; pues habrá perdido la guerra en
Italia, en Milán, y todo su ejército será aniquilado.

Aviñón capital. El rey de Blois

Le grand CHYREN soy saisir d'Avignon,
De Rome lettre en miel plein d'amertume:
Lettre ambassade partir de Chanignon,
Carpentras pris par duc noir rouge plume.

El gran CHYREN se apodera de Aviñón,
De Roma carta en miel llena de amargura:
Carta embajada partir de Chanignon,
Carpentras tomada por duque negro rojo pluma.

Miel en vez de *miels*, que en francés antiguo significa «más».
Chanignon consta en vez de Canino, ciudad de la provincia de Roma
a 26 kilómetros al noroeste de Viterbo.
El gran Enrique se apoderará de Aviñón tras haber recibido de
Roma más noticias llenas de amargura. Un mensaje de embajada sal-
drá de Canino, pues Carpentras habrá sido tomada por un general de
bandera roja y negra.
Los países islámicos que tienen el rojo y el negro en su bandera

son Irak, Siria, Libia, Egipto, Sudán y el Yemen. No sabremos de qué país se trata hasta que llegue el momento.

VIII, 38

Le roy de Blois dans Avignon regner,
Une autre fois le peuple en monopole,
Dedans le Rosne par murs fera baigner,
Jusques à cinq le dernier près de Nole.

El rey de Blois en Aviñón reinar,
Otra vez el pueblo en monopolio,
En el Ródano por muros hará bañar,
Hasta cinco el último cerca de Nola.

En francés antiguo *monopole* significa «conspiración, conjura». Cinco consta probablemente por la Quinta República. Nola es una pequeña población de Italia, cerca de Nápoles.

El rey de Blois (el gran Enrique) reinará en Aviñón, pues de nuevo el pueblo conspirará; verá el Ródano bañando los muros de la ciudad hasta el final de la Quinta República, el último (papa u otro personaje; cf. la profecía de Malaquías: *De gloria olivae*), estando cerca de Nola.

VIII, 52

Le roy de Blois dans Avignon regner,
D'Amboise & seme viendra le long de Lyndre:
Ongle à Poitiers sainctes aisles ruyner,
Devant Boni.

El rey de Blois en Aviñón reinar,
De Amboise y seme vendrá a lo largo del Lyndre:
Uña en Poitiers, santas alas arruinar,
Ante Boni.

Seme consta probablemente por Semnon, afluente del Vilaine, al sur de Rennes. En francés antiguo *ongle* («uña») designa un animal ungulado, el oso, símbolo de Rusia, y la palabra santas se referirá también a ese país por la expresión «la santa Rusia» (?). Los roma-

169

nos denominaban alas a las tropas de caballería. Boni tal vez conste por *Bononia* (βονωνια), antiguo nombre de Bolonia. Sólo cuando llegue el momento podremos aportar precisiones a esta cuarteta. La traducción es, pues, muy hipotética.

El rey de Blois (el gran Enrique) reinará en Aviñón. Desde Amboise y Rennes, recorrerá el Indre. Estando los rusos en Poitiers, arruinará sus blindados ante Bolonia.

x, 44

Par lors qu'un Roy sera contre les siens,
Natif de Bloye subjuguera Ligures:
Mammel, cordube & les Dalmatiens,
De sept puis l'ombre à Roy estrennes & lemures.

Cuando un Rey estará contra los suyos,
Nativo de Blois subyugará Ligures:
Mammel, Córdoba y los Dálmatas,
De los siete después de la sombra de Rey combate y lemures.

En francés antiguo *contre* significa «a favor, en honor de»; *natif*, «natural»; *estrennes*, «combate, choque». El Memmel es el antiguo nombre del Niemen, río que atraviesa Bielorrusia. En la mitología, los lemures son los espectros o el espíritu de la muerte.

Cuando un rey combata por los suyos, el heredero (que tendrá la legitimidad de) Blois someterá a los ligures (Italia), Rusia, España y Dalmacia (¿ocupada por los serbios?); luego, con la ayuda de los siete países (G7), el rey hará cesar (pondrá a la sombra) los combates y las muertes cesarán. He aquí las cuartetas que completan esta campaña militar:

ı, 20

Tours, d'Orléans, Blois, Angers, Reims & Nantes,
Citez, vexées par subit changement,
Par langues estranges seront tendues tentes,
Fleuves, dars, renes, terre & mer tremblement.

Tours, de Orléans, Blois, Angers, Reims y Nantes,
Ciudades ofendidas por súbito cambio,

170

Por lenguas extranjeras serán tendidas tiendas,
Ríos, dardos, país, tierra y mar temblarán.

La palabra *dardo* hace pensar en cohetes. En francés antiguo, *renes* significa «país».

Tours, después Orléans, Blois, Angers, Reims y Nantes, estas ciudades serán ofendidas por un súbito cambio; gente que hablará una lengua extranjera las ocuparán. A causa de los cohetes, los ríos, los países, las regiones, la tierra y el mar temblarán.

IV, 46

Bien défendu le faict par excellence,
Garde toy Tours de ta proche ruine,
Londres & Nantes, par Reims fera défense,
Ne passe outre au temps de la bruine.

Bien prohibido el hecho por excelencia,
Guárdate tú, Tours, de tu próxima ruina,
Londres y Nantes por Reims hará defensa,
No pasa más allá en el tiempo de la lucha.

Como en la cuarteta 35 de la centuria v, que ya hemos traducido, la palabra *bruine* significa «lucha, tumulto».

La acción (¿militar?) estando excelentemente defendida, guárdate Tours de tu próxima ruina; los ejércitos ingleses llegados por Reims defenderán Nantes; no podrás escapar a estos trastornos.

V, 74

De sang Troyen naistra coeur germanique,
Qui deviendra en si haute puissance:
Hors chassera gent estrange arabique.
Tournant l'Eglise en pristine prééminence.

De sangre Troyana nacerá corazón germánico,
Que llegará a tan alto poderío:
Fuera expulsará gente extranjera arábiga.
Volviendo la Iglesia en prístina preeminencia.

De sangre real francesa, el rey nacerá con sentimientos germanó-filos y alcanzará un muy grande poderío. Expulsará fuera de Francia a los extranjeros islámicos y devolverá a la Iglesia su preeminencia original (regreso al cristianismo primitivo, del que el movimiento ecuménico es, sin duda, el signo precursor).

Suiza en el conflicto

Algunas cuartetas muestran que, esta vez, Suiza no escapará del conflicto. Ocupa una posición estratégica en el corazón de Europa. Por otra parte, ningún macizo montañoso del mundo está atravesado por tantos túneles: *las montañas excavadas*, decía Nostradamus en el siglo XVI, cuando no había ni un solo túnel en los Alpes.

x, 49

Jardin du monde auprès de cité neuve,
Dans le chemin de montagnes cavées:
Sera saisi & plongé dans la cuve,
Buvant par force eaux soulphre envenimées.

Jardín del mundo junto a la ciudad nueva,
En el camino de las montañas excavadas:
Será tomado y hundido en el barreño,
Bebiendo por fuerza aguas azufre envenenadas.

Jardín, en sentido figurado, significa país rico. La ciudad nueva es Ginebra, cuyo nombre significa «nueva tierra». *Cavé* procede del verbo latino *cavere*, que significa «cavar, excavar».

El país rico del planeta (Suiza), junto a Ginebra (que está situada), en el camino de las montañas excavadas, será ocupado y arrastrado al conflicto; y se verán obligados a beber agua contaminada químicamente.

II, 64

Seicher de faim, de soif, gent Genevoise,
Espoir prochain viendra au défaillir,

Sur point tremblant sera loy Gebenoise,
Classe au grand port ne se peut accueillir.

Secar de hambre, de sed, gente ginebrina,
Esperanza próxima vendrá a fallar,
En punto temblando será ley gebanita,
El ejército en el gran puerto no puede acogerse.

Los gebanitas eran un pueblo de Arabia. En francés antiguo, *point*
(«punto») significa «momento, instante, ocasión».

Los genoveses se secarán de hambre y sed. Una esperanza próxima cercana vendrá después de la caída. Durante un momento se
temblará bajo la ley islámica. El gran puerto no puede acoger a la
flota.

Sólo el acontecimiento permitirá saber de qué gran puerto se trata
(¿Marsella, Génova, Barcelona, El Havre, etc.?).

IX, 44

Migrés, migrés de Genesve trestous,
Saturne d'or en fer se changera:
Le contre RAYPOZ exterminera tous,
Avant l'advent le ciel signes fera.

Emigrad, emigrad de Ginebra todos,
Saturno de oro en hierro cambiará:
El contra RAYPOZ exterminará a todos,
Antes del acontecimiento en el cielo habrá signos.

Saturno es el dios del tiempo. Raypoz es el anagrama de Zopyra.
Mientras Darío sitiaba Babilonia, defendida por Nabucodonosor III,
Zopyra se sacrificó para asegurarle a su dueño la toma de la ciudad.
Se mutiló, se introdujo en la plaza como tránsfuga y, cuando hubo
conseguido ganarse la confianza de los sitiados, entregó a los persas las dos puertas cuya custodia le habían confiado (519 a. de C.).
Nostradamus designa aquí el Irán y alude probablemente, por esta
astucia, a la guerra Irán-Irak. *Adventus* en latín significa «llegada,
venida».

Emigrad, emigrad, todos los habitantes de Ginebra, vuestra edad
de oro se convertirá en edad de hierro (guerra); el que está contra

Irak os exterminará. Antes de que esto suceda, habrá signos en el cielo (cometa u otros).

IV, 9

Le chef du camp au milieu de la presse,
D'un coup de fleche sera blesse aux cuisses,
Lorsque Geneve en larmes & détresse,
Sera trahie par Lozan et par Souysses.

El jefe del campo en medio de la prensa,
De un flechazo será herido en el muslo,
Cuando Ginebra entre lágrimas y desolación,
Será traicionada por Lausana y por los Suizos.

Presse («prensa») en francés antiguo significa «tarea dura». *Cuisses* («muslo») figura aquí en vez de *cuissels* (muslera, parte de la armadura que protegía los muslos), y flecha representa, sin duda, las municiones debido a sus puntiagudas cabezas.

El jefe del ejército tendrá una dura tarea; su armamento será alcanzado por cohetes, cuando Ginebra derrame lágrimas y esté angustiada y traicionada por (los ocupantes) de Lausana y de Suiza.

X, 92

Devant le père l'enfant sera tué,
Le père après entre cordes de jonc:
Genevois peuple sera esvertué,
Gisant le chef au milieu comme un tronc.

Ante el padre el hijo será muerto,
El padre luego entre cuerdas de junco:
El pueblo ginebrino será fortificado,
Yaciendo el jefe en medio como un tronco.

En francés antiguo *esvertué* significa «fortificar, dar fuerza a».

El hijo será muerto ante su padre, que luego será encadenado. Más tarde los ginebrinos recuperarán fuerzas cuando el jefe (militar) yazga como un tronco de árbol en medio (de la ciudad).

174

Clarté fulgure à Lyon apparente,
Luysant, print Malte, subit sera estainte,
Sardon, Mauris traitera décevante,
Geneve à Londres à Coq trahison fainte.

Claridad fulgura en Lyon aparente,
Brillante, tomada Malta, súbitamente será extinguida,
Sardon, Moros tratará decepcionante,
Ginebra en Londres a Gallo traición fingida.

En francés antiguo *fulgure* significa «rayo, relámpago» y *luire* («brillar») significa «hacer relámpago». Los sardones eran un pueblo del Languedoc (Narbona).

La claridad de los relámpagos (¿bombardeos?) que habrá aparecido en Lyon, iluminando el cielo, se extinguirá de pronto, estando Malta ocupada. Los islámicos intentarán engañar a los habitantes del Languedoc. De Ginebra hasta Londres, harán una traición a Francia.

Puanteur grande sortira de Lausanne,
Qu'on ne sçaura l'origine du fait,
L'on mettre hors toute la gent loingtaine,
Feu vu au ciel, peuple estranger deffait.

Gran hediondez saldrá de Lausana,
Que no se sabrá el origen del hecho,
Se pondrá fuera toda la gente lejana,
Fuego visto en el cielo, pueblo extranjero deshecho.

Una gran hediondez saldrá de Lausana y se desconocerá su origen. Se expulsará a los extranjeros. Se verá fuego en el cielo (¿cohetes?) y el pueblo extranjero (enemigo) conocerá la derrota.

Par les Suèves et lieux circonvoisins,
Seront en guerre pour cause de nuées:

175

Camp marins locustes & cousins,
Du Léman fautes seront bien desnuées.

Por los Suevos y lugares circunvecinos,
Estarán en guerra a causa de las nubes:
Campo marinos saltamontes y cénzalos,
Del Léman faltas serán muy abandonadas.

Los suevos era el nombre dado por los romanos, desde César, a
los pueblos de la gran Germania. En francés antiguo el verbo *nuer*
significa «desnudar», y *desnué*, «abandonado». En latín, *campae* significa «caballos marinos», se trata aquí, pues, de carros anfibios. *Lo-
custae* quiere decir «saltamontes», simbolizando la aviación y la infantería, pues son insectos terrestres y aéreos. Mientras los cénzalos
son insectos acuáticos primero y se refiere a los barcos o barcazas de
desembarco.

Alemania y los países vecinos estarán en guerra porque habrán
sido despojados, con ingenios blindados anfibios, aviones y barcos.
Los errores del lago Léman (inútiles conferencias de paz en Ginebra)
serán abandonados.

VI, 81

Pleurs, cris & plaincts, hurlemens, effrayeur,
Coeur inhumain, cruel, noir & trancy:
Léman les Isles, de Gennes les mayeurs,
Sang espancher, frofaim, à nul mercy.

Llantos, gritos y lamentos, aullidos aterradores,
Corazón inhumano cruel, negro y transido:
Léman, las Islas, de Génova los mayores,
Sangre derramar, frihambre, a nadie gracia.

En francés antiguo, *trancy* («transido») significa «muerte»; *mayor*
es el antiguo nombre de los alcaldes y *frofaim* («frihambre») es una
palabra acuñada con «frío» y «hambre».

Lloros, gritos y lamentos, aullidos, espanto a causa de un personaje sin corazón, cruel, negro y frío, del lago Léman hasta las islas
británicas y por los elegidos de Génova. Hará correr la sangre sin
piedad para nadie durante el invierno y la hambruna.

176

Près du Léman la frayeur sera grande,
Par le conseil, cela ne peut faillir:
Le nouveau roy fait apprester sa bande,
Le jeûne meurt faim, poeur fera faillir.

Cerca del Léman el terror será grande,
A causa del consejo, eso no puede detenerse:
El nuevo rey hace preparar su banda,
Ayuno muere hambre, miedo hará detener.

En francés antiguo *conseil* («consejo») significa «decisión, deliberación», y *faillir* significa «acabar, detenerse».

El espanto será grande cerca del lago Léman; pese a una deliberación, la cosa no podrá detenerse. El nuevo jefe hace preparar su ejército; se morirá de hambre por ayuno, y el miedo lo detendrá.

II, 73

Au lac Fucin de Benac le rivage,
Prins du Léman au port de l'Orguion,
Nay de trois bras predict bellique image,
Par trois couronnes au grand endymion.

En el lago Fucino de Benac la ribera,
Tomado del Léman al puerto del Orguion,
Nacido de tres brazos predicha bélica imagen,
Por tres coronas al gran Endimion.

El lago Fucino está al este de Roma. *Lacus Benacus* es el antiguo nombre del lago de Garda, en la alta Italia. *Orguion* (en griego Οργον) es la isla de Orgon, frente a la Toscana (hoy Gorgona). *Bras* («brazo») era una especie de medida. Endimion, hijo de Júpiter, mientras dormía en el monte Latmus, en Caria (antiguo reino del Asia Menor, hoy Turquía), inflamó con su sorprendente belleza el frío corazón de Selene (la Luna), que bajó, le besó y descansó junto a él. Nostradamus muy probablemente designa con esta palabra al gran jefe islámico, a causa de sus referencias lunares (la Media Luna) y a Turquía.

Del lago Fucino hasta el lago de Garda, el lago Léman será ocupado a partir de la isla de Orgon. El gran jefe islámico «nacido de tres brazos» (no se comprenderá hasta que llegue el momento), al que habrán predicho una vida guerrera, estará aliado con tres países.

III, 12

Par la tumeur de Heb, Po, Tag, Timbre & Rome,
Et par l'estang Léman & Aretin:
Les deux grands chefs & citez de Garonne,
Prins, morts, noyez. Partir butin humain.

Por el trastorno de Heb, Po, Tajo, Tíber y Roma,
Y por el estanque Léman y Aretino:
Los dos grandes jefes y ciudades del Garona,
Tomados, muertos, ahogados. Partir humano botín.

Tumeur significa «agitación» en francés antiguo. Los aretinos son los habitantes de Arezzo, ciudad de Italia cercana al lago Trasimeno.

A causa de la agitación de Hebrón (Israel), del Po, del Tajo, del Tíber y de Roma y por el lago Léman y Arezzo, los dos grandes dirigentes de las ciudades del Garona (Burdeos y Toulouse) serán aprisionados, ahogados y muertos. Hombres partirán como botín.

VI, 38

Un règne grand demourra désolé,
Auprès de l'Hebro se seront assemblées.
Monts Pyrénées le rendront consolé,
Lorsque dans May seront terrer tremblées.

Un reino grande permanecerá desolado,
Junto a Hebrón se habrán reunido.
Montes Pirineos le harán consolado,
Cuando en Mayo habrán tierras temblado.

Un gran país quedará desolado cuando haya una reunión cerca de Hebrón (Israel); se consolará gracias a los Pirineos (¿España?), cuando haya temblores de tierra en mayo.

Du lac Léman & ceux de Brannonices,
Tous assemblez contre ceux d'Aquitaine,
Germains, beaucoup, encor plus Souisses,
Seront defaicts avec ceux d'humaine.

Del lago Léman y de los de Brannonices,
Todos reunidos contra los de Aquitania,
Muchos germanos, todavía más suizos,
Serán derrotados con los de humana.

Brannonices era una ciudad de los aulercios, pueblo de la región de Lyon. *Los de humana* designa probablemente Italia, donde nació el humanismo.

Los del lago Léman y de la región de Lyon se reunirán contra los de Aquitania. Los alemanes sobre todo y aún más los suizos serán derrotados con los italianos.

Esta cuarteta plantea un problema de comprensión, como algunas otras que sólo los acontecimientos permitirán comprender por completo, cuando se produzcan. No es imposible que suizos, franceses y alemanes se reúnan contra los ocupantes de Aquitania.

4

El Anticristo llegado de Asia

Nostradamus, además de las dos primeras guerras mundiales, anunció un tercer gran conflicto que comenzará, al parecer, antes de que finalice el siglo XX, puesto que indica la fecha 1999 en la siguiente cuarteta:

x, 72

L'an mil neuf cens nonante neuf sept mois,
Du ciel viendra un grand roy d'effrayeur:
Ressusciter le grand Roy d'Angoulmois,
Avant après Mars régner par bonheur.

El año mil novecientos noventa y nueve y siete meses,
Del cielo vendrá un gran rey de terror:
Resucitar al gran rey de Angoulmois,
Antes después Marte reinar por fortuna.

En julio de 1999 llegará un gran rey aterrorizador de Asia y resucitará al gran rey del Angoumois o de los Mongoles. Antes y después de 1999 la guerra (Marte, dios de la guerra) reinará por fortuna.

La expresión *vendrá del cielo* no significa ciertamente que se trate de una invasión de extraterrestres, como se ha podido leer en distintas obras. Nostradamus puede querer decir dos cosas: una alusión a una invasión aérea (aviones o cohetes) y a la China, el imperio del Cielo o el celeste imperio. El gran rey de Angolmois designa, probablemente, dos personajes: el Anticristo venido de Asia, por una parte

181

(la palabra Mongoles está contenida por anagrama en Angolmois), y el futuro rey de Francia, su adversario, llamado en el siguiente texto «el Real»; este último resucitaría la imagen del gran rey de Angolmois (la actual Angulema), es decir, Francisco I, nacido en Cognac, hijo de Carlos de Orléans, conde de Angulema, y que fue también, antes de subir al trono, conde de Angulema. Por lo que se refiere a la expresión *régner par bonheur* («reinar por fortuna») sólo puede comprenderse sabiendo que este último gran conflicto desemboca en la paz universal, lo que el Apocalipsis de Juan traduce por *Satán encadenado por mil años*.

Tal vez una cuarteta alude a Francisco I, en el que Francia podría descubrir de nuevo, dentro de poco, a uno de sus mayores reyes:

III, 94

De cinq cens ans plus compte l'on tiendra,
Celuy qu'estoic l'ornement de son temps,
Puis à un coup grande clarté donra.
Que par le ciel les rendra très contens.

De quinientos años más cuenta se tendrá,
Al que fue el ornamento de su tiempo,
Luego en un golpe gran claridad dará.
Que por el cielo les hará muy defensores.

En francés antiguo *contens* significa «defensor».

Durante quinientos años, no se tendrá en cuenta a quien fue el ornamento de su tiempo. Luego, de pronto, lo devolverán a la luz y tendrá numerosos defensores en las ondas (los medios de comunicación).

Francisco I nació hace quinientos años, en 1594. Desarrolló en Francia las letras y las artes, protegió a los sabios y mereció por ello el título de Padre de las letras; fundó el Colegio de Francia y la imprenta real, inició el Louvre, edificó o embelleció los castillos de Fontainebleau y de Chambord; alentó las exploraciones de Berazzani y de Jacques Cartier en América, etc. El Gran Louvre es ya un relativo homenaje rendido a su fundador.

En la *Carta a Enrique, rey de Francia segundo*, Nostradamus da precisiones sobre el origen geográfico del Anticristo: «Luego el gran imperio del Anticristo comenzará en la Atila y zerfes, descender en

182

número grande e innumerable, tanto que la venida del Espíritu Santo procedente del 48 grado, hará transmigración, expulsando la abominación del Anticristo, haciendo guerra contra el Real que será el Gran Vicario de Jesucristo en tiempo útil y en el momento elegido (¿1999?) y precederá delante un eclipse solar, el más oscuro y el más tenebroso que haya sido desde la creación del mundo hasta la muerte y pasión de Jesucristo, y será en el mes de octubre que alguna gran traslación será hecha, y tal que se creerá la tierra haber perdido su natural movimiento y haberse abismado en perpetuas tinieblas, serán precediendo el tiempo vernal (primavera)».

Todas las ediciones antiguas mencionan Atila con una sola «t», cuando en francés debiera escribirse con dos. No se trata de una falta de ortografía, sino de uno de esos juegos de palabras habituales en Nostradamus. En efecto, el hecho de utilizar una sola «t» en Atila le permite dar, también ahí, dos significaciones: Atila, rey de los hunos y, por anagrama, el origen geográfico de este Anticristo, a saber, los montes Altai, en Mongolia. Por lo demás, la palabra Zerfes se parece extrañamente a la villa del pequeño Altai denominada Sevrej. Finalmente, la capital de Mongolia, Ulan-Bator, está situada (¡como París!) en el paralelo 48. Se indicaría así el eje de la invasión. Recordemos aquí que el eclipse solar del que se trata será total en París, en el paralelo 48, el 12 de agosto de 1999. Por lo que se refiere a la «gran traslación» anunciada, no podemos saber todavía si tendrá lugar en octubre de 1999 o en otro año entre 1999 y 2025.

En la misma *Carta a Enrique, rey de Francia segundo*, Nostradamus da más precisiones sobre la llegada de este Anticristo: «El gran papa (Pedro el Romano de la profecía de san Malaquías) será devuelto a sus prerrogativas; pero al final (de la profecía) su reino quedará desolado y todo será abandonado y los acontecimientos llevarán a la destrucción del Santo de los Santos (Roma) por el paganismo. El Antiguo y el Nuevo Testamento serán expulsados y quemados. Tras ellos, el Anticristo será el príncipe infernal; y por última vez, todos los países cristianos temblarán, y también a causa de los infieles (¿musulmanes?) durante veinticinco años (¿1999-2025?); habrá guerras y batallas más ruinosas todavía, y las ciudades, los pueblos, los castillos y otros edificios serán incendiados, desolados o destruidos con gran efusión de sangre de muchachas, mujeres casadas, viudas violadas, los recién nacidos serán arrojados contra las murallas de las ciudades, golpeados y quebrados; y tantas desgracias serán provocadas por Satán, príncipe de los Infiernos, que casi todo el planeta quedará desorganizado y desolado. Tras este tiempo que a los hombres les habrá parecido largo (¡veinticinco años!), la faz de la tierra será renovada por el advenimiento de la Edad de Oro...».

Es curioso advertir que entre el primer anticristo, Atila, y el segundo, Gengis Khan, procedentes ambos de Mongolia, hubo ocho siglos de separación (Atila, saliendo de Panonia, Hungría, saquea la Galia en 451; los mongoles llegan a Hungría en 1241). También habría, aproximadamente, ocho siglos entre el segundo y el tercero.

Este tercer conflicto se precisa geográfica y cronológicamente. En efecto, comienza entre el Sur (países islámicos) y Occidente, luego se extiende hacia Japón (el imperio del Sol Naciente).

El carbunclo es una piedra preciosa de un rojo vivo; la palabra designa la China comunista y su bandera roja.

SEXTILLA 27

Celeste feu du costé d'Occident,
Et du Midy courir jusqu'au Levant,
Vers demy morts sans point trouver racine,
Troisiesme aage, à Mars le belliqueux,
Des Escarboucles on verra briller feu,
Aage Escarboucle, & à la fin famine.

Celeste fuego del lado de Occidente,
Y del Mediodía correr hasta el Levante,
Gusanos medio muertos sin encontrar raíz,
Tercera edad, en Marte el belicoso,
Carbunclos se verá brillar fuego,
Edad Carbunclo y al final hambre.

En Occidente habrá fuego llegado del cielo que correrá del sur hasta el Japón. La vida animal y vegetal estará medio muerta. Será la tercera época de guerra (del siglo XX). Se verán brillar los fulgores (de la guerra) de los Rojos, pues habrá llegado el reino de los Rojos, y al final será el hambre.

Como con el rey de Francia, Nostradamus da al Anticristo varios calificativos:

– el Anticristo;
– el grande de Asia;

184

- el Oriental;
- Mendosus: el «tarado» o el «mentiroso».

Los amarillos se aliarán con los países islámicos, como Atila y Gengis Khan arrastraron en sus conquistas guerreras a los pueblos turcófonos: uzbekos, tadyikos, afganos, kirguizos, etc.

VI, 10

Un peu de temps les temples des couleurs,
De blanc & noir les deux entremeslée:
Rouges & jaunes leurs embleront les leurs,
Sang, terre, peste, faim, feu d'eau affollée.

Un poco de tiempo los templos de los colores,
De blanco y negro los dos entremezclados:
Rojos y amarillos saquearán los suyos,
Sangre, tierra, peste, hambre, fuego de agua enloquecida.

En francés antiguo *couleur* («color») significa «favor, amistad», *embler* «robar, hurtar» y *affoller* («enloquecer») «matar».

Durante algún tiempo, habrá amistad en los lugares de culto entre los musulmanes y los negros, que estarán mezclados; luego los rojos (comunistas) y los amarillos (chinos) los desvalijarán; se morirá por la sangre, la epidemia, el hambre, el fuego y el agua en la tierra.

VI, 80

De Fez le regne parviendra à ceux d'Europe,
Feu leur cité, & lame tranchera:
Le grand d'Asie terre & mer à grand troupe,
Que bleux, pers, croix à mort dechassera.

De Fez el reino llegará al de Europa,
Fuego su ciudad, y hoja cortará:
El grande de Asia tierra y mar harán ejército,
Que lívido, pálido, cruz a muerte perseguirá.

Los calificativos de *bleu y pers* se completan para designar a los amarillos. El primero tiene el sentido de «lívido» y el segundo significa «pálido» en francés antiguo.

185

Desde Fez (Marruecos) el poder llegará hasta los europeos para incendiar su ciudad (¿Bruselas o Estrasburgo, capitales europeas?) y la hoja cortará (cabezas). El gran jefe de Asia (¿China?) traerá un gran ejército por tierra y mar, hasta el punto de que los amarillos perseguirán a los de la Cruz (los cristianos) para ejecutarle.

Este texto nos lleva directamente a las cuartetas referentes al Anticristo.

II, 29

L'Oriental sortira de son siege,
Passer les monts Apennins voir la Gaule:
Transpercera le Ciel, les eaux & neige,
Et un chacun frappera de sa gaule.

El Oriental saldrá de su sede,
Pasar los montes Apeninos ver Galia:
Cruzará el cielo, las aguas, las nieves,
Y uno cada uno golpeará con sus fauces.

El Oriental abandonará su territorio, pasará por los Apeninos (Italia) para ver Francia. Atravesará China, el agua (mares y ríos) y la nieve (¿polo Norte?) y golpeará a todos con sus armas.

Cuarteta que se completa con la siguiente:

V, 54

Du pont Euxine, & la grand Tartarie,
Un roy sera qui viendra voir la Gaule:
Transpercera Alane et l'Arménie,
Et dans Bisance lairra sanglante gaule.

Del Ponto Euxino, y la gran Tartaria,
Será un rey que vendrá a ver Galia:
Cruzará Alania y Armenia,
Y en Bizancio dejará sangrante arma.

El Ponto Euxino es el mar Negro. En el nombre de Tartaria se incluía, antaño, gran parte de Asia, que corresponde aproximadamente a *Mongolia*, Manchuria, Turquestán, Afganistán y Beluchistán. *Alani*

186

significa en latín los «alanos» pueblo escita que se cree procedente del *Altai* y que ocupaba las vastas estepas entre el Volga y el Don; no es imposible que Nostradamus haya elegido ese término para referirse a Rusia, debido a la alusión a los montes Altai, origen del Anticristo.

Del mar Negro y de Mongolia (o de China), habrá un jefe que irá a ver Francia; pasará a través de Rusia y Armenia y dejará un arma sangrienta en Estambul.

IX, 45

Ne sera soul jamais de demander,
Grand MENDOSUS obtiendra son empire:
Loing de la cour fera contremander,
Piedmont, Picard, Paris, Thyren le pire.

No será cansado nunca de pedir,
Gran MENDOSUS obtendrá su imperio:
Lejos de la corte hará no comparecer,
Piamonte, Picardía, París y el Tirreno el peor.

En latín *mendosus* significa «lleno de defectos, de taras». En francés antiguo *contremander* significa «negarse a comparecer ante un tribunal».

Sus peticiones nunca serán lo bastante satisfechas, el Gran Tarado obtendrá su imperio. Lejos de la corte (de justicia), impedirá comparecer (sentencia sin juicio). Piamonte, Picardía, París y el mar Tirreno conocerán lo peor.

IX, 50

MENDOSUS tost viendra à son haut regne,
Mettant arrière un peu le Norlaris:
Le rouge blesme le masle à l'interregne,
Le jeune crainte & frayeur Barbaris.

MENDOSUS vendrá pronto a su alto reino,
Dejando un poco atrás al Norlaris:
El rojo pálido durante el interregno,
Joven temor y espanto Bárbaros.

187

La palabra *blême* («pálido») se utiliza por el color de piel de los amarillos.

El *Tarado* llegará rápidamente a la cima de su poder, y dejará un poco atrás al Lorenés (*Lorrain*, el rey de Francia). El asiático rojo gobernará durante el interregno del noble (rey), mientras habrá un nuevo temor y espanto islámico.

PRESAGIO 76, octubre

Par le legat du terrestre & marin,
La grande Cape à tout s'accomoder:
Estre à l'escoute tacite LORVARIN,
Qu'à son advis ne pourra accorder.

Por el legado del terrestre y marino,
La gran Capa a todo acomodarse:
Estar a la escucha tácita LORVARIN,
Que su opinión no podrá compartir.

LORVARIN es el anagrama de Lorrain-v (es decir, Lorenés V).

El papa aceptará las proposiciones del enviado de los ejércitos de tierra y mar. Estará a la escucha del Lorenés (el rey descubierto tras la Quinta República), pero no podrá compartir su punto de vista.

VIII, 77

L'antechrist trois bientost annichilez,
Vingt & sept ans durera sa guerre:
Les heretiques morts: captifs exilez,
Sang corps humain eau rougie gresler terre.

El anticristo tres muy pronto aniquilar,
Veinte y siete años durará su guerra:
Los heréticos muertos: cautivos exiliados,
Sangre cuerpo humano agua enrojecida granizar tierra.

El tercer Anticristo será reducido pronto a la nada. Su guerra habrá durado veintisiete años. Sus oponentes habrán sido ejecutados y los prisioneros exiliados. La sangre humana enrojecerá el mar y la tierra será bombardeada.

188

De maison sept par mortelle suite,
Gresle, tempeste, pestilent mal, fureurs:
Roy d'Orient d'Occident tous en fuite,
Subjuguera ses jadis conquéreurs.

De casa siete por mortal seguimiento,
Granizo, tempestad, pestilente mal, furores:
Rey de Oriente y Occidente todos en fuga,
Subyugará sus antaño conquistadores.

Los siete representantes, muy probablemente el G7, es decir, los siete países más industrializados (Alemania, Canadá, Estados Unidos, Francia, Italia, Japón y Reino Unido).

Los siete (países) de la misma casa, a causa de una persecución mortal, conocerán el granizo (¿bombardeos?), la tempestad (trastorno), la epidemia y el furor. Los jefes de Estado de Oriente y de Occidente (¿G7?) estarán todos en fuga, porque (China) someterá a sus antiguos conquistadores (Francia, Alemania, Inglaterra, Japón y Rusia). Ya en 1997, Hong Kong será devuelto a China por Inglaterra, un comienzo...

EL PAPEL DE AMÉRICA

En la *Carta a Enrique, rey de Francia segundo*, Nostradamus evoca un desembarco en las costas españolas: «Habrá entonces un desembarco en las playas para liberar España de la ocupación islámica. Y todos estos ataques serán muy reales y el lugar donde se estableció Abraham (Palestina) será atacado por los occidentales...».

x, 66

Le chef de Londres par regne l'Americh,
L'isle d'Escosse t'empiera par gelée:
Roy Reb auront un si faux antechrist,
Que les mettra trestous dans la meslée.

El jefe de Londres por reino América,
La isla de Escocia confusión por helada:
Rey Reb tendrán tan falso anticristo,
Que les pondrá a todos en el tumulto.

La palabra *t'empiera* está construida a partir de *tempier*, que en francés antiguo significa «tormenta, tumulto, estruendo, confusión, angustia». Reb se refiere a *r(u)be(us)* por anagrama, síncopa y apócope, y significa «rojo» en latín.

El jefe del gobierno inglés, gracias al poderío americano, provocará la confusión en Escocia durante el invierno (¿desembarco de los americanos en Escocia?). Los jefes rojos (chinos) tendrán (a su cabeza) un anticristo tan falso que les arrastrará a todos al tumulto.

Recordemos que el primer satélite artificial chino lanzaba al mundo este mensaje: «Oriente es rojo».

v, 93

Soubs le terroir du rond globe lunaire,
Lorsque sera dominateur Mercure:
L'isle d'Escosse fera un luminaire,
Qui les anglois mettra à desconfiture.

Sobre el territorio del redondo globo lunar,
Cuando será dominador Mercurio:
La isla de Escocia hará una luminaria,
Que a los ingleses pondrá en derrota.

El redondo globo alude aquí al islam. La utilización por Nostradamus de Mercurio no tiene aquí significado astronómico sino simbólico; Mercurio era el dios del comercio pero también el de los ladrones. En francés antiguo, *desconfiture* significa «derrota». ¿Será la luminaria la antorcha que sujeta la estatua de la Libertad en la bahía de Nueva York?

Al territorio islámico, cuando domine el saqueo, Estados Unidos aportará la luz, porque los ingleses estarán derrotados.

Nostradamus designa a Estados Unidos de América por el águila, a causa del símbolo que figura en su bandera.

Sur les rochers sang on verra pleuvoir,
Sol Orient, Saturne Occidental:
Près d'Orgon guerre, à Rome grand mal voir,
Nefs parfondrées & prins le Tridental.

Sobre las rocas se verá llover sangre,
Sol Oriente, Saturno Occidental:
Cerca de Orgon guerra, en Roma grande mal ver,
Naves hundidas y tomado el Tridentario.

Como ya hemos visto anteriormente, Orgon es la isla de Gorgona, ante las costas de Toscana. El Tridentario alude al tridente de Neptuno, que designa siempre Inglaterra.

Se verá sangre llover sobre las rocas, antes que la edad de oro (Saturno) llegue del Sol Naciente (Japón) hasta Occidente. Habrá guerra cerca de Toscana; se verá una gran desgracia en Roma, una flota habrá sido hundida e Inglaterra tomada.

I, 90

Bourdeaux, Poitiers au son de la campagne,
A grande classe ira jusqu'à l'Angon,
Contre Gaulois sera leur tramontane,
Quand monstre hideux naistra près de Orgon.

Burdeos, Poitiers, al son de la campaña,
El gran ejército irá hasta Angon,
Contra Galos será su tramontana,
Cuando monstruo horrible nacerá cerca de Orgon.

Angon, en griego (Ανκον), es el antiguo nombre de la ciudad italiana de Ancona en el mar Adriático. *Tramontane* en francés antiguo significa «más allá de los montes», es decir del norte, en relación con España e Italia.

Burdeos y Poitiers escucharán el ruido del ejército en campaña, porque un gran ejército irá hasta Ancona y pasará más allá de las montañas contra Francia, cuando se inicie un horrible prodigio cerca de la isla de Gorgona.

Pendant que l'Aigle & le Coq à Savone,
Seront unis, Mer, Levant & Ongrie:
L'armée à Naples, Palerme, Marque d'Ancone,
Rome, Venise par Barbe horrible crie.

Mientras que el Águila y el Gallo en Savona,
Estarán unidos, Mar, Levante y Hungría:
El ejército en Nápoles, Palermo, Marca de Ancona,
Roma, Venecia por Barba horrible grito.

Mientras los ejércitos americano y francés estarán reunidos en Savona, en el mar, en Japón y en Hungría, habrá un ejército en Nápoles, en Sicilia, Palermo, en Ancona, en Roma y en Venecia donde se escucharán horribles gritos a causa del jefe islámico.

Tant d'ans en Gaule les guerres dureront,
Outre la course du Castulon monarque:
Victoire incerte trois grands couronneront,
Aigle, Coq, Lune, Lyon, Soleil en marque.

Tantos años en Galia las guerras durarán,
Más allá del curso del Castulón monarca:
Victoria incierta tres grandes coronarán,
Águila, Gallo, Luna, León, Sol en marca.

Castulón es una pequeña villa de España que hoy se denomina Cazorla, en la provincia de Jaén. Este monarca es, pues, el rey de España, precisado en el último verso por el sol de los Borbones. En el contexto de esta cuarteta, la palabra coronar significa «cumplir, terminar». En provenzal, la palabra *marque* significa «represalias».

Las guerras durarán tantos años en Francia, más allá incluso del reinado del rey de España (Juan Carlos I). Tres jefes de Estado concluirán una victoria que era incierta, llamarán la atención América, Francia, el islam, Inglaterra (el León británico) y España.

Terre Italique près des monts temblera,
Lyon et Coq non trop confederez,
En lieu de peur l'un l'autre s'aidera,
Seul Catulon et Celtes moderez.

Tierra Itálica cerca de los montes temblará,
León y Gallo no demasiado confederados,
En vez de miedo el uno al otro se ayudarán,
Sólo Catulon y Celtas moderar.

Italia temblará junto a los montes (Alpes y Apeninos). El León británico y Francia no serán demasiado aliados, pero a causa de su miedo se ayudarán mutuamente. El rey de España y los franceses serán moderados.

Se encontrará al final de este capítulo, en el apartado *Hipótesis de cronología* (pág. 203), otra cuarteta referente a Castulon (VIII, 48).

PRESAGIO 83, abril

En debats Princes et Chrestienté esmeu,
Gentils estranges, siège à CHRIST molesté:
Venu tres mal, prou bien mortelle veu.
Mort Orient peste, faim, mal traité.

En debates Príncipes y Cristiandad conmovida,
Gentiles extranjeros, sede de CRISTO molestada:
Muy mal venido, por bien mortal vista.
Muerte Oriente peste, hambre, mal tratado.

La palabra gentil designa a los pueblos no cristianos. La sede de Cristo es probablemente Roma o Jerusalén, de donde salió el cristianismo, aunque también podría designar el Vaticano. *Prou* significa mucho y refuerza *bien*.

Los jefes de Estado debatirán y la cristiandad estará turbada, a causa de no cristianos extranjeros, la sede de Cristo (Roma) quedará perjudicada, eso será muy inoportuno y un espectáculo muy mortal. La epidemia procedente de Oriente sembrará la muerte, se conocerá el hambre y se será muy maltratado.

Destrucción de París

La perspectiva de la desaparición de la capital de Francia, anunciada en *Nostradamus, historiador y profeta*, levantó en 1981 una increíble polémica. No es fácil, ciertamente, admitir semejante catástrofe. Y sin embargo no es posible cambiar los términos de la profecía, demasiado clara para comprenderla o interpretarla de otro modo.

Además de la cuarteta comentada con respecto a Aviñón, elegida capital porque París estará *desolada*, otros textos proporcionan, ¡lamentablemente!, precisiones complementarias sobre tan dramático acontecimiento. Como hemos visto, la expresión *la gran ciudad* se utiliza siempre para referirse a París.

III, 84

La grand cité sera bien désolée,
Des habitants un seul n'y demourra:
Mur, sexe, temple & vierge violée,
Par fer, feu, peste, canon peuple mourra.

La gran ciudad será muy desolada,
De los habitantes ni uno solo permanecerá:
Muro, sexo, templo y virgen violada,
Por hierro, fuego, peste, cañón pueblo morirá.

La gran ciudad (París) quedará muy desolada; ni uno solo de sus habitantes permanecerá allí, tras haber sido violada en sus muros, en sus habitantes de todo sexo, en sus iglesias y sus muchachas. Por el hierro, el fuego, la epidemia y el bombardeo, el pueblo morirá.

Nostradamus precisa en la siguiente cuarteta la geografía del lugar: la confluencia del Sena y el Marne.

VI, 43

Long temps sera sans estre habitée,
Où Signe & Marne autour vient arrouser,
De la Tamise & martiaux tentée,
Deceus les gardes en Cuidant repousser.

Largo tiempo estará sin ser habitada,
Donde Sena y Marne entorno vienen regar,
Del Támesis y marciales ataques,
Engañador los guardas cuidando rechazar.

En latín *temptare* significa «atacar». *Deceus* consta, por síncopa, en vez de *deceveus* que en francés antiguo significa «engañador» y *repousser* por «expulsar».

La región que riegan el Sena y el Marne permanecerá deshabitada largo tiempo, después de que Inglaterra y sus guerreros hayan sido atacados, creyendo expulsar a los grandes engañadores.

Nos podemos preguntar cuál será la causa de la imposibilidad de habitar la región parisiense (¿contaminación atómica, química o bacteriológica?).

v, 30

Tout à l'entour de la grande cité,
Seront soldats logez par champs & ville:
Donner l'assaut Paris, Rome incité,
Sur le pont lors sera faicte grande pille.

Alrededor de la gran ciudad,
Estarán soldados alojados en campos y ciudades:
Dar asalto a París, Roma empujada,
En el mar entonces se hará gran saqueo.

En latín *incitare* significa «empujar hacia delante, lanzar». Los soldados serán alojados en la campiña y en la ciudad, pues se habrá dado el asalto a París y se habrán lanzado sobre Roma. Entonces, un gran saqueo se hará en el mar.

Destrucción de Roma y fin del último rey

San Malaquías, obispo de Irlanda (1095-1148), en su célebre *La profecía de los papas*,[1] mencionó los ciento once papas que debían

1. Véase, del mismo autor, *La profecía de los papas*, Martínez Roca, Barcelona, 1985.

ocupar el trono de San Pedro de 1143 hasta nuestros días. Tras el papa Juan Pablo II (el 110.° de la profecía) queda otro papa al que Malaquías dio la divisa de «la gloria del olivo» (símbolo de Israel; ¿monseñor Lustiger?). Además de este 111.° papa, la profecía concluye con el anuncio de un personaje no numerado y que se precisa con el siguiente comentario: «En la última persecución de la Santa Iglesia romana, presidirá Pedro el Romano, que hará pacer sus ovejas entre numerosas tribulaciones. Tras ello, la ciudad de las siete colinas será destruida y el juez terrible juzgará al pueblo». Ese texto es perfectamente claro y anuncia la destrucción de la ciudad de las siete colinas, Roma. Como sólo quedan un papa y Pedro el Romano después de Juan Pablo II, este acontecimiento se halla, pues, en la horquilla temporal indicada por Nostradamus, es decir, como muy tarde, en 2025.

I, 69

La grand montagne ronde de sept stades,
Après paix, guerre, faim, inondation,
Roulera loing, abismant grans contrades,
Mesmes antiques, & grand fondation.

La gran montaña redonda de siete estadios,
Después paz, guerra, hambre, inundación,
Irá lejos, abismando grandes regiones,
Aun las antiguas, y gran fundación.

En francés antiguo *loing* («lejos») significa «largo tiempo» y *abismer*, «arrojar a un abismo».
La gran ciudad de las siete colinas, tras un período de paz, de guerra, de hambre y de inundación, se derrumbará, arrastrando al abismo a grandes países, incluso antiguos monumentos y la gran fundación (de la Iglesia: el Vaticano).

II, 93

Bien près de Tymbre presse la Lybitine,
Un peu devant grande inondation:
Le chef du nef, prins mis à la sentine,
Chasteau, palais en conflagration.

Muy cerca del Tíber atareada Libitina,
Un poco antes gran inundación:
El jefe de naves tomadas, puesto en la sentina,
Castillo, palacio en conflagración.

Libitina era la diosa de los muertos. *Presse* significa, en francés antiguo, «ruda tarea», y *sentine*, «desperdicios, heces».

Junto al Tíber habrá mucho trabajo enterrando gente; un poco antes habrá habido una gran inundación. El jefe de la Iglesia (el papa, ¿Pedro el Romano?) será capturado y desechado. El castillo (Sant Angelo, que se halla junto al Tíber) y el palacio (del Vaticano) estarán en la conflagración.

x, 20

Tous les amis qu'auront tenu party,
Pour rude en lettres mis mort et saccagé:
Biens publiez par fixe grand néanty,
Onc Romain peuple ne fut tant outragé.

Todos los amigos que habrán tenido partido,
Por dureza en letras saqueados y muertos:
Bienes publicados por ficha gran acomodado,
Nunca Romano pueblo fue tan ultrajado.

En francés antiguo *fixion* significa «acción de fichar».

Todos los amigos de los partidos políticos, debido a la dureza de la prensa, serán maltratados y muertos, tras haber sido fichados y publicados los bienes de las grandes fortunas. Nunca el pueblo romano se vio tan ultrajado.

II, 65

Le parc enclin grande calamité,
Par l'Hespérie & Insubre fera,
Le feu en nef peste et captivité,
Mercure en l'Arc Saturne fenera.

El parque declinando gran calamidad,
Por Hesperia e Insubre hará,

El fuego en nave, peste y cautiverio,
Mercurio en el Arco Saturno segará.

En francés antiguo *parc* significa «campo fortificado», *enclin*, «derribado por tierra» y *fener*, «cortar, segar». Insubre es el antiguo nombre del Milanesado. Saturno es el dios del tiempo.

La caída del campo fortificado (¿cuartel general?) provocará una gran calamidad para los occidentales y los italianos del norte. La Iglesia (¿el Vaticano?) estará en fuego durante la epidemia y el cautiverio (¿del papa?), estando Mercurio en Sagitario, será una época de muerte.

III, 17

Mont Aventin brusler nuict sera veu,
Le ciel obscur tout à coup en Flandres,
Quand le monarque chassera son neveu,
Leurs gens d'Eglise commettront les esclandres.

Monte Aventino quemar noche será visto,
El cielo oscuro de pronto en Flandes,
Cuando el monarca expulse a su nieto,
Sus gentes de Iglesia cometerán ultrajes.

En francés antiguo, *neveu* significa «nieto» y *esclandre*, «ultrajar».

El monte Aventino arderá por la noche y el cielo se oscurecerá de pronto en Bélgica, cuando el rey expulse a su nieto y los eclesiásticos cometan ultraje.

VII, 37

Dix envoyez, chef de nef mettre à mort,
D'un adverty, en classe guerre ouverte:
Confusion chef, l'un se picque & mord,
Leryn, Stecades nefs, cap dedans la nerte.

Diez enviados, jefe de naves dará muerte,
De un contrario, en ejército guerra abierta:
Confusión jefe, uno se hiere y muere,
Leryn, Stecades naves, rumbo hacia la nerte.

198

En francés antiguo *mordre* significa «asesino». Las islas Staecha-des son las islas de Oro, frente a Hyères. *Nerto* en provenzal es el nombre de un lugar cercano a Marsella (el túnel de Nerthe).

Diez personajes serán enviados para asesinar al jefe de la Iglesia (el papa), que habrá sido avisado, cuando se estará en plena guerra, que la cabeza (de la Iglesia) estará en la confusión; un individuo se pincha (¿droga?) y comete su crimen, cuando unos barcos (de gue-rra) estén en el sector de las islas de Lérins y de las islas de Oro, y pongan rumbo hacia Marsella.

VIII, 73

Soldat barbare le grand Roy frappera,
Injustement non esloigné de mort,
L'avare mere du faict cause sera,
Conjurateur et regne en grand remort.

Soldado bárbaro el gran Rey golpeará,
Injustamente no alejado de la muerte,
El avaro madre de hecho causa será,
Conjurador y reino en gran remordimiento.

Los ávaros, pueblo bárbaro originario de Tartaria, de la familia de los hunos, se habían establecido en los alrededores del Altai. *Mere* («madre») significa en francés antiguo «barco de gran calado» y *re-mort* («remordimiento»), «desgarrón, herida». Un conjurador es al-guien que se atribuye el poder sobrenatural de conjurar lo que es ca-paz de hacer daño.

Cuando esté próximo a morir de modo injusto, el gran rey (Enri-que) golpeará a las tropas islámicas. La flota asiática será causa del acontecimiento (su muerte) y el que intente conjurar la mala suerte y su poder será alcanzado.

V, 44

Par mer le rouge sera pris de pyrates,
La paix sera par son moyen troublée:
L'ire & l'avare commettra par sainct acte,
Au grand pontife sera l'armée doublée.

Por mar, el rojo será cogido con piratas,
La paz será por su medio turbada:
La ira y el avaro reunirá por santo acto:
Al gran pontífice será el ejército doblado.

Ire («ira») se utiliza en vez de *Iris*, río del Asia Menor (Turquía) que desemboca en el mar Negro; designa Turquía. *Doubler* («doblar») significa en francés antiguo «doblegar, arrollar derribando».

El rojo (¿China?) hará piratería por mar y por este medio turbará la paz; Turquía y China harán la guerra santa. El ejército del gran pontífice será derrotado.

IV, 15

D'où pensera faire venir famine,
De là viendra le rassasiement:
L'oeil de la mer par avare canine,
Pour de l'un l'autre donra huyle, froment.

De donde pensará hacer venir hambre,
De allí vendrá la saciedad:
El ojo del mar por avaro canino,
Para el uno del otro dará aceite, grano.

El ojo, en sentido figurado, significa «poder», como si se dijera, el ojo del dueño. *Caninus* en latín significa «agresivo».

Del lugar de donde se creerá que llega el hambre vendrá la saciedad; la agresión asiática habiendo dado el dominio del mar, se procurarán víveres a todos.

VI, 93

Prélat avare, d'ambition trompé,
Rien ne fera que trop cuider viendra:
Ses messagers, & luy bien attrapé,
Tout au rebours voir que le bois fendroit.

Prelado avaro, de ambición engañado,
Nada hará que demasiado cuidar vendrá:

Sus mensajeros, y él bien atrapado,
Todo al rechazo ver que la madera agrietará.

En francés antiguo, *prélat* («prelado») significa «superior, jefe en general»; *cuideer* («cuidar»), «creer, imaginar»; *rebours*, «rechazo».

El jefe asiático será engañado por su ambición, y nada cambiará el hecho de que tenga demasiada confianza en sí mismo; sus embajadores y él mismo quedarán bien atrapados, siéndole negado todo a pesar de sus esfuerzos.

SEXTILLA 34

Princes & Seigneurs tous se feront la guerre,
Cousin germain le frère avec le frère,
Fini l'Arby de l'heureux de Bourbon,
De Hiérusalem les Princes tant aimables,
Du fait commis énorme & exécrable,
Se ressentiront sur la bourse sans fond.

Príncipes y Señores todos se harán la guerra,
Primo hermano, el hermano contra el hermano,
Terminado el Arbitrio del feliz de Borbón,
De Jerusalén los príncipes tan amables,
Del hecho cometido enorme y execrable,
Se resentirán en la bolsa sin fondo.

Arby se utiliza en vez de *arbitrie* («arbitrio») por epéntesis, y en francés antiguo significa «arbitraje».

Los jefes de Estado y los jefes militares se harán la guerra, entre hermanos y primos; éste será el final del arbitraje del feliz Borbón. Los jefes tan amables de Jerusalén, a causa de un acto enorme y execrable que será cometido, se resentirán del hundimiento de la Bolsa (caída del sistema capitalista).

La victoria de Occidente y la paz universal

Como en el Apocalipsis de Juan («Satán encadenado por mil años»), Nostradamus anuncia la paz universal y la renovación espiritual.

Les Rhodiens demanderont secours,
Par le neglett de ses hoirs délaissée,
L'Empire Arabe ravalera son cours,
Par Hespéries la cause redressée.

Los de Rodas pedirán socorro,
Por la negligencia de sus herederos olvidados,
El Imperio Árabe rebajará su curso,
Por Hesperia la causa puesta de nuevo en pie.

En francés antiguo *ravaler* significa «hacer descender, disminuir».

Los habitantes de Rodas pedirán socorro, abandonados por la negligencia de sus herederos. El Imperio Árabe reducirá su curso. La situación será resuelta por los occidentales (Estados Unidos).

X, 74

Au revole du grand nombre septiesme,
Apparoistra au temps jeux d'Hécatombe:
Non esloigné du grand eage milliesme,
Que les entrez sortiront de leur tombe.

Pasado el gran número séptimo,
Aparecerá en el tiempo juego de Hecatombe:
No alejado de la gran edad milésima,
Que los entrados saldrán de su tumba.

En francés antiguo *revoler* significa «dar la vuelta». Hecatombe (Εκατομβη) en griego representaba el sacrificio de cien bueyes y, más tarde, de cien víctimas cualesquiera.

Al acercarse el gran número séptimo (séptimo milenio: el año 2000) aparecerá un período de matanzas que no estará alejado del comienzo de los mil años (de paz universal: 2026-3000). Entonces, los que habían entrado en la tumba (o en refugios) saldrán (renovación espiritual).

Les os des pieds & les mains enserrez,
Par bruit maison longtemps inhabitée,
Seront par songes concavant deterrez,
Maison salubre & sans bruit habitée.

Los huesos de los pies y las manos encerrar,
Por ruido casa largo tiempo deshabitada,
Serán por sueños excavando desenterrar,
Casa salubre y sin ruido habitada.

Concaver, en francés antiguo, significa «excavar».

Los que tenían los huesos de los pies y las manos encerrados (los que estaban encadenados) y cuya casa habrá estado mucho tiempo deshabitada a causa de la guerra, se verán desenterrados excavando como en un sueño para habitar en casas seguras y sin guerra.

HIPÓTESIS DE CRONOLOGÍA

Algunas cuartetas y sextillas que mencionan datos de astronomía se han reunido aquí y explicado gracias a la preciosa ayuda de un amigo astrólogo. Algunas configuraciones celestes son raras, otras frecuentes; estas últimas no permiten fechar con precisión los acontecimientos, y los textos que los incluyen han sido desechados. Nostradamus dio muy pocas fechas con claridad y, por lo tanto, estos datos astronómicos son particularmente preciosos. Las investigaciones se han detenido en 2026, fin de la profecía.

Nostradamus utiliza la astronomía para advertir una concomitancia entre la configuración del cielo y los acontecimientos, sin establecer por ello una relación de causa y efecto entre los astros y la historia del hombre. Esta artimaña le permite dar indicaciones temporales. Por esta razón, sin duda, escribe en la *Carta a Enrique, rey de Francia segundo* que, «habría podido dar una fecha en cada cuarteta». Utiliza también la astrología por los símbolos que atribuye a los planetas o constelaciones: Marte para la guerra; Venus para la República, a causa del símbolo femenino de Mariana; Neptuno y su tridente, dios de los mares, para Inglaterra; Saturno para la edad de oro, etc. De vez en cuando, complica más aún las cosas poniendo en un mismo texto una indicación astronómica de tiempo y un símbolo astrológico.

Día 10 de agosto de 2002 o 27 de julio de 2017

VIII, 2

Condon & Aux & autour de Mirande,
Je voy du ciel feu qui les environne:
Sol Mars conjoinct au Lyon, puis Marmande,
Foudre grand gresle, mur tombe dans Garonne.

Condom y Aux y alrededor de Mirande,
Veo del cielo fuego que las rodea:
Sol Marte junto a León, luego Marmande,
Rayo gran granizo, muro cae en Garona.

Veo el fuego del cielo que rodea Condom, Auch, Mirande y sus alrededores en el momento de una conjunción Sol-Marte en la constelación de Leo. El rayo y el granizo (¿bombardeos?) harán caer las paredes en el Garona.

Las dos cuartetas siguientes se refieren probablemente a los mismos acontecimientos que la precedente:

I, 79

Bazaz, Lestore, Condom, Ausch, Agine,
Esmeus par loix, querelle & monopole:
Car, Bourd, Tholose, Bay mettra en ruine,
Renouveler voulant leur tauropole.

Bazaz, Lestore, Condom, Auch, Agine,
Amotinados por leyes, querella y monopolio:
Car, Bourd, Toulouse y Bay pondrá en ruina,
Renovar queriendo su tauropolo.

En francés antiguo *esmoveor* significa «excitar, levantar»; *monopole*, «conspiración, conjuración»; *renouveler*, «reanimar». En la mitología, Tauropolo es el sobrenombre de Artemisa; cuando Apolo fue

204

contemplado como idéntico al Sol, ella fue considerada Selene, la Luna, símbolo que designa el islam.

Los habitantes de Basas (ciudad de Gironde), Lectoure, Condom, Auch (ciudades de Gers), Agen se levantarán contra las leyes, las querellas y una conjura. Sus islamistas querrán reanimar (sus querellas) y arruinarán Car(casona), Burd(eos), Toulouse y Bay(ona).

I, 46

Tout aupres d'Aux, de Lestore & Mirande,
Grand feu du ciel en trois nuits tombera:
Cause adviendra bien stupende & mirande,
Bien peu après la terre tremblera.

Muy cerca de Aux, de Lestore y de Mirande,
Gran fuego del cielo en tres noches caerá:
Causa sucederá muy estupenda y sorprendente,
Poco después la tierra temblará.

En latín, *stupendus* y *mirandus* significan «sorprendente».

Muy cerca de Auch, de Lectoure y Mirande (ciudades de Gers) un gran fuego caerá del cielo durante tres noches. La causa será muy sorprendente y poco tiempo después la tierra temblará (¿desembarco?).

¿Significa el fuego del cielo bombardeos antes del desembarco?

Septiembre de 2004

VIII, 48

Saturne en Cancer, Jupiter avec Mars,
Dedans Février Chaldondon salvaterre:
Sault Castallon assailly de trois parts,
Près de Verbiesque conflict mortelle guerre.

Saturno en Cáncer, Júpiter con Marte,
Dentro Febrero Caldondon salvaterra:
Salto Castallon asaltada por tres partes,
Cerca de Verbiesco conflicto, mortal guerra.

Chaldondon es el afrancesamiento de la palabra griega *Chaldaioi* (Χαλδαιοι) que significa caldeo o babilonio, hoy iraquí. Nostradamus dobló la terminación *don* para añadir una sílaba a su verso. Salvaterra es una pequeña villa de Portugal, cerca del Tajo. Salvaterra es la transformación de la palabra latina *salvator*, «salvador», por necesidades de la rima con guerra. En francés antiguo, *sault* («salto») significa «estrecho, desfiladero», y Castulon, el antiguo nombre de Cazorla, ciudad de España en la provincia de Jaén, designa probablemente el estrecho de Gibraltar. Verbiesque es un latinismo que consiste en añadir *que* en vez de la conjunción *et* («y»); Verbier es una ciudad del Valais suizo, situada no lejos del túnel del Montblanc y de Ticino.

Cuando Saturno esté en la constelación de Cáncer y haya una conjunción Júpiter-Marte (en septiembre de 2004), mientras en febrero habrá un salvador en Irak, el estrecho de Gibraltar será atacado por tres lados y el conflicto en el Valais (Suiza) constituirá una guerra mortal.

Día 18 de junio de 2006

v, 14

Saturne & Mars en Leo Espagne captisve,
Par chef lybique au conflict attrapé,
Proche de Malte heredde prinse vive,
Et Romain sceptre sera par Coq frappé.

Saturno y Marte en Leo España cautiva,
Por jefe líbico en el conflicto atrapado,
Próximos a Malta, herederos, capturados vivos,
Y Romano cetro será por Gallo golpeado.

En francés antiguo, *heredde* es un «heredero».

Cuando haya una conjunción Saturno-Marte en Leo (18 de junio de 2006), España será tomada; mientras el jefe libio será arrastrado al conflicto, los herederos (de Rómulo, los italianos) habiendo sido atrapados vivos, el poder (¿político o religioso?) en Roma será golpeado por los franceses.

Días 27-29 de septiembre de 2004 o 10-11 de diciembre de 2006

III, 3

Mars & Mercure, et l'argent joint ensemble,
Vers le Midy extreme siccité:
Au fond d'Asie on dira terre tremble,
Corinthe, Ephèse lors en perplexité.

Marte y Mercurio y la plata unida junta,
Hacia el Mediodía extremada sequía:
Al fondo de Asia se dirá tierra tiembla,
Corinto, Éfeso entonces en perplejidad.

La plata alude a la edad de Plata que está bajo la influencia de Júpiter. En francés antiguo, *perplexité* significa «confuso enmarañamiento».

En el momento de una conjunción Marte-Mercurio-Júpiter, habrá una gran sequía hacia Mediodía (los países islámicos). Al fondo de Asia (el Japón) se dirá que la tierra ha temblado; entonces Grecia (Corinto) y Turquía (Éfeso) estarán en confusión.

La siguiente cuarteta se refiere probablemente al mismo período:

II, 52

Dans plusieurs nuits la terre tremblera,
Sur le printemps deux efforts suite,
Corinthe, Ephèse aux deux mers nagera,
Guerre s'esmeut par deux vaillants de luite.

En varias noches la tierra temblará,
En primavera, dos esfuerzos seguirán,
Corinto, Éfeso en dos mares nadará,
Guerra se mueve por dos valientes de lucha.

En francés antiguo, *vaillant* significa «de gran valor», y *luite*, «lucha».

La tierra temblará durante varias noches (¿en el Japón, como en la precedente cuarteta?). En primavera (2003, 2005 o 2007), habrá dos intentos de persecución (¿desembarco?); (una flota) navegará hacia Grecia y Turquía entre dos mares (¿mar Negro y mar Egeo?); dos personas de gran valor en el combate (jefes militares) entrarán en la guerra.

Del 30 de octubre de 2009 a octubre de 2012

SEXTILLA 4

> *D'un rond, d'un lis, naistra un si grand Prince,*
> *Bien tost, & tard venu dans sa Province,*
> *Saturne en Libra en exaltation:*
> *Maison de Vénus en décroissante force,*
> *Dame en après masculin sous l'escorce,*
> *Pour maintenir l'heureux sang de Bourbon.*

De un disco, de un lis, nacerá tan gran Príncipe,
Muy pronto, y tarde llegado a su Provincia,
Saturno en Libra en exaltación:
Casa de Venus en fuerza decreciente,
Dama después masculino bajo la corteza,
Para mantener la feliz sangre de Borbón.

Esta sextilla es un ejemplo de la utilización de un dato astronómico y un símbolo astrológico.

Rond procede del latín *Rota*, que designa el disco del sol. Con una mayúscula, la provincia por excelencia es Provenza (*Provincia romana*). La *Casa de Venus* representa la República. Dama representa a la reina. En francés antiguo, *escorce* («corteza») significa «piel».

Del sol y del lis (de los Borbones) nacerá un muy gran príncipe, llegado muy pronto (a Francia: antes de 2009), pero tarde en Provenza (entre 2009 y 2012), cuando Saturno esté en exaltación en Libra; la República habrá perdido su fuerza. Después, la reina quedará preñada de un varón para perpetuar la feliz sangre de los Borbones.

Junio de 2015

I, 16

Faux à l'Estang, joinct vers le Sagittaire,
En son haut auge et exaltation:
Peste, famine, mort de main militaire,
Le siècle approche de rénovation.

Guadaña en el estanque, junto hacia el Sagitario,
En su alto auge y exaltación:
Peste, hambre, muerte por mano militar,
El siglo se acerca a renovación.

La guadaña es, con el reloj de arena, uno de los atributos de Saturno. El símbolo del planeta Saturno es una guadaña coronada por una cruz. La palabra estanque designa la constelación de Escorpio. Este signo de Agua fija representa el agua inmóvil. En francés antiguo, la palabra *auge* era sinónimo de ápside que constituye el extremo del gran eje de la elipse descrita por un planeta alrededor del Sol. El ápside más alejado del Sol se denomina afelio o ápside superior; el más cercano se denomina ápside inferior o perihelio. Por lo que a la palabra «exaltación» se refiere, en astrología designa una divinidad planetaria que acentúa, para bien o para mal, según su naturaleza, los presagios aportados por un planeta en la interpretación de un horóscopo. Esta configuración celeste se producirá en 2015; por lo demás, se dará en junio de este mismo año un fenómeno rarísimo: Saturno en Escorpio ocultará la estrella fija Haleka.

Cuando Saturno, en afelio y en exaltación, esté en la constelación de Escorpio en conjunción con Sagitario, se conocerán la epidemia, el hambre, la muerte por guerra; pero el siglo de renovación (la era de Acuario, la edad de oro) se acerca.

Esta cuarteta puede hacer pensar que Nostradamus sitúa el comienzo de la era de Acuario en 2026.

Día 15 de agosto de 2015

v, 25

Le Prince Arabe Mars, Sol, Vénus, Lyon,
Regne d'Eglise par mer succombera:
Devers la Perse bien près d'un million,
Bisance, Egypte ver. serp. invadera.

El Príncipe Árabe, Marte, Sol, Venus, León,
Reino de Iglesia por mar sucumbirá:
Hacia Persia muy cerca de un millón,
Bizancio, Egipto, ver. serp. invadirá.

La expresión *ver. serp.* significa *verus serpens*, la verdadera serpiente, que tal vez se refiera al dragón asiático. En francés antiguo *succomber* significa «destruir, arruinar», e *invadir* «asaltar, atacar».

En el momento de una conjunción Marte-Sol-Venus en Leo, el jefe árabe arruinará el poder de la Iglesia por mar; cuando muy cerca de un millón (de soldados) se reúna en Irán, la Serpiente (¿China?) atacará Turquía y Egipto.

Día 4 de junio de 2024

SEXTILLA 49

Vénus & Sol, Jupiter & Mercure,
Augmenteront le genre de nature,
Grande alliance en France se fera,
Et du Midy la sangsue de mesme,
Le feu esteint par se remède extrême,
En terre ferme Oliver plantera.

Venus y Sol, Júpiter y Mercurio,
Aumentarán el género natural,
Gran alianza en Francia se hará,
Y del Mediodía la sanguijuela lo mismo,
El fuego extinguido por ese extremo remedio,
En tierra firme Olivo plantará.

Tierra firme significa continente. El olivo es símbolo de paz, pero también del Estado hebreo.

Cuando se produzca una conjunción Venus-Sol y Júpiter-Mercurio, el género de la naturaleza (¿renovación del entorno?) aumentará. Se hará una gran alianza en Francia, en los países islámicos y capitalistas (¿Estados Unidos?), habiéndose detenido la guerra por este último recurso. La paz se establecerá en el continente (¿europeo?) y en Israel.

Epílogo: ¿La paz universal?

... No se vaya a exigir a la historia que nos diga si los hombres se han hecho en total de una más alta moralidad. Han llegado a una gran libertad de apreciación, amplia y poderosa, pero su situación quiere en cierto modo necesariamente que sólo utilicen esta libertad para el mal...

JOHANN GOTLIEB FICHTE,
La Destination de l'homme

*No has tenido elección entre la edad de oro
y la edad de piedra.*

ARAGON,
Le Roman inachevé

Podemos esperar que el guión catastrófico anunciado por Nostradamus y aquí expuesto no sea ineluctable. En 1555, tras su viaje por una parte del bloque espacio-tiempo, Nostradamus ofreció a la posteridad el conjunto de su «visión». Pese al «cepillado», según su propio término, en la redacción de sus profecías, tanto en lo que se refiere a la cronología como a algunos acontecimientos, debemos preguntarnos cuál podía ser su motivo principal. Parece difícil suponer que, por un absoluto sadismo, se hubiera complacido malignamente en aterrorizar a las futuras generaciones.

En la *Carta a su hijo César*, prefacio de su obra profética, Nostradamus escribe: «Tu tardía llegada, César Nostredame, hijo mío, me ha hecho pasar largo tiempo en continuas velas nocturnas para entregarte por escrito y dejarte esta memoria, tras la muerte de tu progenie, *para el común beneficio de los hombres...*». He aquí una frase que abre un rayo de esperanza en el cielo donde se amontonan las nubes.

En la *Carta a Enrique, rey de Francia segundo*, Nostradamus anuncia, tras las tribulaciones, la paz y la renovación de la tierra: «[...] Tras este tiempo que a los hombres les habrá parecido largo [veinticinco años], la faz de la tierra será renovada por el advenimiento de la edad de oro. Dios Creador ordenará, oyendo la aflicción de su pueblo, que Satán sea encadenado y arrojado al abismo del Infierno, en la profunda fosa: comenzará entonces entre Dios y los hombres una paz universal, y Satán permanecerá atado durante unos mil años, lo que proporcionará una mayor fuerza al poderío de la Iglesia; y luego será desatado de nuevo...». Este texto de Nostradamus está perfectamente de acuerdo con el capítulo XX del Apocalipsis de Juan: «Vi también bajar del cielo un ángel que tenía la llave del abismo y una gran cadena en la mano. Tomó el dragón, la antigua serpiente, que es el diablo y Satán, y lo encadenó por mil años. Y habiéndolo arrojado al abismo, lo cerró sobre él y lo selló, para que no sedujera más a las naciones hasta que se hubieran cumplido esos mil años, tras de lo cual debe ser desatado por un breve tiempo».

Desde 1980, año de la publicación de *Nostradamus, historiador y profeta*, se han puesto rojos cierto número de indicadores. El ascenso del integrismo islámico en todos los países musulmanes puede desestabilizar varios Estados. La revolución en Irán, en 1978, llevó a la instauración de una república islámica antioccidental. ¿Qué sería de los países «llamados» moderados si se vieran arrastrados a semejante aventura? El Magreb está minado por este fenómeno. En Egipto, algunos cristianos son asesinados y las iglesias incendiadas y la amenaza islámica se hace más y más acuciante. Por lo que se refiere a Europa, los Balcanes están en erupción. Un genocidio que se denomina *depuración étnica* se está produciendo en la ex Yugoslavia. Los musulmanes son perseguidos y asesinados por los serbios, que hacen también la guerra a los croatas y a los bosnios católicos. La Gran Serbia se ha puesto en marcha y las instancias europeas o internacionales son incapaces de impedir nada.

El Cáucaso se ve sacudido por movimientos nacionalistas e independentistas que despertaron con el estallido del Imperio soviético:

Chechenia, Osetia, Azerbaiján (Nagorny-Karabaj). La Comunidad de Estados Independientes no ha resuelto varios problemas cruciales. Así, los países bálticos no han querido tener tropas rusas en su suelo; Rusia querría mantener un control militar sobre esa parte estratégica de Ucrania que es Crimea, en el mar Negro, sin mencionar las islas Kuriles, manzana de la discordia entre rusos y japoneses. Tal vez Occidente se haya alegrado precipitadamente de la caída del Imperio, mientras que los comunistas o ex comunistas siguen en el poder o entre bastidores, dispuestos a regresar. Bajo el evocador título de «El regreso imperial de Rusia», Jean-Baptiste Naudet escribía en *Le Monde* del 20 de abril de 1995: «En la escena internacional, Moscú no vacila ya en desafiar a Occidente... En el Próximo Oriente o en África, el Kremlin se ha unido de nuevo a "los parias": Irán –al que vende un programa nuclear, contra la opinión de Washington–, Irak –al que desea ayudar a obtener el levantamiento del embargo petrolero de la ONU–, Sudán –con quien estaría a punto de firmar acuerdos de cooperación económica, comercial y técnica (recordemos aquí que en Jartum, en el Sudán, acaba de celebrarse la conferencia islámica donde se han pronunciado violentas frases anti-occidentales)... Pese al reflujo, Rusia no ha abandonado por completo sus cabezas de puente en América (Cuba) y en Asia... En Vietnam, Rusia quiere seguir utilizando la base aeronaval de Cam Ranh para su flota del Pacífico, mientras los americanos evacuan Filipinas... Pero donde Rusia da pruebas de mayor activismo es en Europa, y más allá, en los Balcanes. Toma cada vez más abiertamente la defensa de los serbios... Milita pro el levantamiento de las sanciones contra Belgrado... Cuando se produjo el ultimátum en Sarajevo, hace un año, la diplomacia rusa agitó incluso el espectro de una "tercera guerra mundial" si la organización atlántica entraba en acción...». Este análisis es perfectamente «nostradámico» teniendo en cuenta el esquema profético expuesto en esta obra. Sería preferible, sin duda, que no fuera así.

Desafortunadamente, hay otras zonas de conflicto y de matanza. La tentativa de exterminio del pueblo kurdo en las fronteras de Turquía, Irán e Irak es también un genocidio aunque no quiera reconocerse. En Palestina y en el Estado hebreo, la violencia y la intolerancia hacen que gravite una pesada hipoteca sobre un frágil proceso de paz. Nostradamus vio en esta parte del mundo un riesgo de explosión capaz de incendiar el planeta entero. Hipótesis bastante lógica cuando se comprueba el compromiso de Rusia con los países árabes más antiisraelíes, como Irán, Irak o Sudán.

¿Cuál es la utilidad y la eficacia de las organizaciones internacionales (ONU) cuando se advierte que, pese a su intervención, se aventuran cifras de 500.000 a 1.000.000 de muertos en Ruanda durante la guerra tribal que sigue ensangrentando aquellas tierras? Esta incapacidad de las conferencias de paz, la mayoría de las cuales se han celebrado y siguen celebrándose en Ginebra, fue vista por Nostradamus: «Del lago Léman los sermones enojarán...». Y «Las faltas del Léman serán bien desnudadas...».

Observando con fría mirada el estado del mundo desde comienzos de siglo, nos vemos llevados a concluir que nunca antes, en toda su historia, los hombres se habían dado muerte entre sí con tanta ferocidad, puesto que las armas modernas permiten matar a distancia y no ya con la espada en la mano. En agosto de 1945, apretar un botón produjo, en unos pocos segundos, la muerte de 180.000 japoneses en Hiroshima...

Reina actualmente en el inconsciente colectivo una sensación de amenazadora catástrofe. El hombre, si lo quiere, tiene medios para detener el proceso iniciado. Ciertamente, nunca escuchó las advertencias de profetas y profecías, por ello participa en el cumplimiento de las catástrofes con tanto mayor libre albedrío cuanto que estaba advertido de ello.

Los «espíritus fuertes» de nuestra sociedad materialista y racionalista tienen parte de responsabilidad en la realización del esquema profético «apocalíptico». En efecto, atacan, siempre con virulencia, los textos proféticos, pretextando que, según ellos, es imposible ver el porvenir; pero no aportan el menor inicio de prueba sobre esta gratuita afirmación. En vez de sostener que los escritos de Nostradamus son sólo un galimatías, cháchara y tonterías, mejor harían utilizando su energía para intentar desmentir al profeta y que el hombre no deba esperar hasta el 2026 para ver cómo se establece la paz universal, tras una catástrofe que, si por desgracia se produjera, haría desaparecer los dos tercios de la humanidad. Nos gustaría poder, en los albores del siglo XXI, decir lo contrario de lo que escribía Georges Clemenceau en 1919, en su *Discurso de paz*: «Es más fácil hacer la guerra que la paz». Esta advertencia, por desgracia, sigue siendo hoy cierta.

La edad de oro o era de Acuario, con su cuerno de la abundancia, está próxima. La salvación de la humanidad pasa, esencialmente, por una renovación espiritual. André Malraux escribió: «El siglo XXI será espiritual o no será». Haga el hombre que lo sea...

Acontecimientos previstos
por Nostradamus de 1555 a 1994

(Extracto de *Nostradamus, historiador y profeta*, tomos I y II)

El Antiguo Régimen

1557	Guerra entre el duque de alba y el duque de Guisa. VII, 29.
1559	Muerte del rey Enrique II en un torneo. I, 35.
1560	La conjura de Amboise, el «tumulto» y la guerra de los Guisa. IV, 62 y XII, 52.
1562	La guerra de Condé. XII, 52.
1565	Sitio de Malta por los turcos. IX, 61.
1566	Nostradamus predice su propia muerte el 2 de julio. PRESAGIO 141.
1571	Toma de Chipre por los turcos. La batalla de Lepanto entre la cristiandad y el Imperio otomano. XII, 36, III, 64 y VI, 75.
1572	Matanza de la noche de San Bartolomé y asesinato de Coligny. SEXTILLA 52 y IV, 8.
1574-1575	Guerra de las «Políticas» entre Enrique III y el duque de Alençon. VI, 11.
1574-1576	Quinta guerra de religión. III, 98.
1588	Asesinato del duque de Guisa. III, 51.
1589	Asesinato de Enrique III. Advenimiento de Enrique IV al trono de Francia. IV, 60.
	Sitio de París por Enrique de Navarra. IX, 86.
1594	Consagración de Enrique IV en Chartres; su entrada en París. IX, 86.
1600	Persecuciones contra los astrónomos: Galileo, Copérnico, Giordano Bruno. IV, 18.

1599-1602	Enrique IV traicionado por su amigo Biron; ejecución de este último. SEXTILLA 6.
1610	Expulsión de los moriscos de España. III, 20.
1625-1628	Sitio de La Rochelle por los ingleses. VI, 60 y IX, 18.
1632	Ejecución del duque de Montmorency. IX, 18.
1634	Ocupación de Lorena. IX, 18.
1636	Guerra contra la casa de Austria. IX, 18.
1640	Las tropas de Luis XIII sitian Barcelona. Ocupación del ducado de Montferrat. VIII, 26.
1642	Muerte de María de Médicis, su exilio en los Países Bajos españoles. IX, 78.
1618-1648	Guerra de los Treinta Años. Gastón de Orleans en Lorena, su boda secreta con Margarita de Lorena. VII, 9.
1646	La flota francesa hundida ante las costas de Córcega. III, 87.
	El siglo de Luis XIV. X, 89.
1649	Ejecución de Carlos I de Inglaterra. Cromwell «Protector». X, 22.
1658-1714	Ocupación de Bélgica por Francia. IX, 49.
1683	Sitio de Viena por los otomanos. X, 61.
1688	Revolución en Inglaterra. Conspiración contra Jacobo II. Desembarco de Guillermo de Orange. IV, 89.
1689	Guillermo de Orange rey de Inglaterra. IV, 89.
1699	Guerra contra el Imperio otomano y Rusia. I, 49.
1700	El duque de Anjou, rey de España. Guerra de Sucesión en España. V, 49.
1702-1717	Guerra de la Liga de Augsburgo. El duque de Saboya libera Provenza. Revuelta de los *camisards* y el mariscal de Villars. PRESAGIO 2 y IV, 99.
1715	La Regencia. III, 15.
1720	La peste de Marsella. La república de las Letras. Los filósofos. II, 53 y IV, 28.
1732	Sucesión de los Farnesio en Italia. VIII, 66.
1769	Nacimiento de Napoleón Bonaparte. I, 60.

La Revolución francesa

1789	Toma de la Bastilla. Juramento del *Jeu de Paume*. I, 65.
1791	Huida de la familia real a Varennes. IX, 20.

1792	Guerra antes de la caída de la monarquía. I, 37.
	Fin de la monarquía. Proclamación de la Primera República. II, 2 y *Carta a Enrique*.
1792-1799	Los siete años de la Primera República. IV, 63.
1792	Toma de las Tullerías. La familia real, encarcelada en el Temple. La batalla de Valmy. IX, 34, IX, 58 y SEXTILLA 9.
1793	El proceso de Luis XVI. El asunto del armario de hierro. La ejecución de Luis XVI. El Terror. Evasión de Luis XVII de la prisión del Temple. Ejecución de María Antonieta. VIII, 23, II, 58 y IX, 24.
	Felipe Igualdad y la Revolución, su ejecución. Las matanzas de Nantes. Revuelta de los chuanes. II, 98, III, 66 y V, 33.
1794	Robespierre, el Terror y la fiesta del Ser supremo. Los *montagnards*. VIII, 80 y IV, 63.
1795	Ayuda de William Pitt el Joven a la gente de la Vendée. Guerra entre Francia, Alemania y España. X, 40 y II, 39.
1796	Primera campaña de Italia. El ejército sardo se entrega a Bonaparte. Cremona y Mantua. Primera boda de Bonaparte. I, 24.
1797	Los ejércitos austríacos vencidos. El ejército de Bonaparte de Verona a Venecia. VIII, 11 y VIII, 33.
1795-1799	Los cuatro años del pontificado de Pío VI, su secuestro por el ejército de Bonaparte. VI, 26.
1798-1802	Carlos Manuel II rey de Cerdeña. VIII, 88.
1799	Caída de la Primera República. El golpe de Estado del 18 Brumario (noviembre). La campaña de Egipto. VII, 13 y I, 8.
1799-1814	Los 14 años de reinado de Napoleón I. VII, 13.
1800	Masséna en Génova. Derrota del ejército austríaco. Napoleón en Milán. VII, 39 y VII, 15.
1804	Coronación de Napoleón. Proclamación del Imperio. SEXTILLA 57 y I, 74.
1805	El duque de Brunswick y las divisiones de Orange, su acuerdo secreto con Dumouriez. La batalla de Trafalgar. Las heridas del almirante Gravina. X, 46 y VII, 26.
1806	Wurtzbourg, punto de partida de las conquistas de Napoleón. Anexión de Nápoles y Sicilia. La invención de

los cohetes. El bloqueo continental. X, 13, III, 25, IV, 43 y I, 75.

1807 — Las tropas francesas en España. Negociación de los Estados pontificios, su anexión. IV, 36.

1808-1809 — Sitio de Zaragoza. La familia real española en Francia. I, 33, III, 75 y IV, 2.

1809 — La segunda boda de Napoleón con María Luisa de Austria. Persecución de religiosos en Italia y arresto de sacerdotes. SEXTILLA 57 y VI, 9.

1810 — El papa Pío VII, internado en Fontainebleau. Divorcio de Napoleón. VII, 73.

1812 — Wellington en los Bajos Pirineos, en San Juan de Luz y el general Soult en Bayona. Derrota de la *Grande Armée*. La retirada de Rusia. Bérézina. IV, 70, VII, 85 y VIII, 55.

1814 — La batalla de Reims. La primera abdicación. La traición de María Luisa. I, 26 y III, 44.
Derrotas en Italia y batalla de Toulouse. II, 33.

1815 — Campaña de Francia y caída de Napoleón. I, 22.
El regreso de la isla de Elba. Batalla de Waterloo. La segunda abdicación. Napoleón prisionero de los ingleses, su exilio en Santa Elena. La restauración de los Borbones. X, 24, II, 11, I, 23, IV, 75 y I, 58.

1820 — Asesinato del duque de Berry por Louvel. VI, 32.

1821 — Agonía de Napoleón en Santa Elena. IV, 35.

1825-1833 — Guerra de la independencia de Grecia. Batalla de Navarino. Matanzas de Quío y Trípoli. IX, 75, V, 95 y VI, 55.

1830 — Caída de los Borbones. La bandera tricolor. El asesinato del último Condé. Las revoluciones de 1830 y 1848. II, 69 y I, 39.

1830-1870 — Cuarenta años de guerra para Francia. I, 17.

1832 — La revuelta de la calle Saint-Merri. VIII, 42.

1840 y 1861 — Regreso de las cenizas de Napoleón y la tumba de los Inválidos. I, 43.

1840-1847 — Los siete años de conquista de Argelia. IX, 89.

1842 — Muerte en accidente del hijo mayor de Luis Felipe. VII, 38.

1849 — Guerra en el Piamonte. Derrota de Mortara. IX, 31.

1854-1856 — Napoleón III. Guerra de Crimea. Sitio de Sebastopol. III, 68.

1858	El atentado de Orsini. v, 10.
1859	Campaña de Italia de Napoleón III. Napoleón III en Buffalora. Entra en Milán. Los franceses en Turín y Novara. Reunión de los Mil en Génova. VIII, 12, I, 6 y IV, 16.
1860	Victor Manuel, rey de Italia; Florencia, capital. Anexión de Saboya a Francia. Garibaldi de Sicilia hasta Roma. Garibaldi y la expedición de los Mil. v, 39, v, 42, I, 11 y VII, 31.
1870	El despacho de Ems, Bazaine en Metz, Garibaldi en Magnavacca y Ravena. Fin del poder temporal del papado, bombardeo de la Porta Pía en Roma. El concilio Vaticano I. La derrota de Sedan. La Tercera República. x, 7, IX, 3, III, 63, III, 37 y II, 44.
1870-1914	Cuarenta años de paz en Francia. I, 17.
1871	Desembarco de Garibaldi en Marsella. La derrota de Bourbaki en Le Mans y de Faidherbe en Cambrai. El ejército del Este en Villersexel. Paz de Frankfurt. Anexión de Alsacia y Lorena. Roma, capital de Italia. La Comuna, guerra civil. SEXTILLA 1, x, 51, I, 89, VI, 87 y II, 77.
1883	Nacimiento de Mussolini entre Rímini y Patro. IX, 2.
1889	Nacimiento de Hitler en la frontera austro-bávara. III, 58.

El siglo xx. El comunismo. El nazismo. Las guerras mundiales

1900	El siglo xx: siglo de la izquierda. II, 10. La *Belle Époque*. III, 18.
1914-1918	Primera guerra mundial. Reims, centro de la guerra en Francia. Toma de Amberes por los alemanes. III, 18 y x, 52.
1916 y 1918	Batallas del Somme. VI, 5.
1917	La revolución bolchevique. Las intervenciones extranjeras en Rusia. El misterio de la matanza de los Romanov. El comunismo y los cantos revolucionarios. Las prisiones. Stalin y la caída del zar. PRESAGIOS 62 y 89, v, 26.

1908-1919	Guerra en los Balcanes. II, 49.
1920	Mustafá Kemal. La revolución turca. El desmembramiento del Imperio otomano y la pérdida de Egipto. II, 49 y I, 40.
1922	Proclamación de la Unión Soviética. PRESAGIO 62.
1925	Ginebra centro de conferencias internacionales: la Sociedad de Naciones y su heredera, la ONU. El primer tomo de *Mein Kampf*, I, 47 y V, 5.
1931	Exilio de Alfonso XIII. I, 19.
1933	Llegada al poder de Hitler. Sus trece años en el poder (1933-1945). VI, 84.
1934	Franco y la represión de Asturias. El nazismo y los campos de concentración. X, 48 y VIII, 27.
1936	Franco nombrado jefe del gobierno en Burgos. Primo de Rivera, fundador de la Falange. La guerra de España, toma de Sevilla. Las matanzas de sacerdotes. IX, 16 y VI, 19.
1938	Las declaraciones de guerra de Hitler. Los acuerdos de Munich. I, 34 y VI, 90.
1939	Muerte del papa Pío XI y pontificado de Pío XII. Pacto germano-soviético. Anexión de Eslovaquia y Polonia. La línea Maginot. La *drôle de guerre* y el aplastamiento de Polonia. V, 56, V, 4, IX, 94, IV, 80 y SEXTILLA 14.
1940	La invasión de los Países Bajos, Bélgica y Francia. París ocupado. La caída de la Tercera República y el gobierno de Vichy. El general De Gaulle. El segundo Trasíbulo. La línea de demarcación. VI, 30, SEXTILLA 54, *Carta a Enrique* y I, 78.
1941	Invasión de Rusia por los ejércitos alemanes. III, 33.
1942-1944	Los veinte meses de ocupación total de Francia por los alemanes. Los hornos crematorios: Hitler, el nuevo Nerón. VIII, 65 y IX, 17.
1943-1944	Liberación de Italia por los americanos, los ingleses y los franceses. Toma de Roma. Liberación de Córcega. Conferencia de Teherán. V, 99, V, 63, IX, 54 y IV, 59.
1944	El atentado del 20 de julio contra Hitler. Desembarcos de Normandía y Provenza. Secuestro de Pétain por los alemanes, su traición, su encarcelamiento en la isla de Yeu. IX, 53, I, 29 y X, 23, IV, 32 y III, 47. Desembarco de Normandía. I, 29.

1945	La caída de Hitler, fin de Mussolini y del fascismo en la Piazza Colonna de Roma. Transporte de Mussolini en un camión hasta Milán y su ejecución. Confluencia de los ejércitos americano, francés, inglés y ruso en el Danubio. VIII, 81, IX, 2, I, 10 y II, 24.
	Destrucción de Hiroshima y Nagasaki. II, 6.
1945-1946	El proceso de Nuremberg. La «guerra fría». II, 38.
1948	Regreso de los judíos a Palestina. El Estado de Israel. II, 19.
1950	La amistad francoalemana. VIII, 3bis.
1956	La insurrección húngara, su sangriento aplastamiento. II, 90.
1958	La caída de la Cuarta República y la vuelta al poder del general De Gaulle. III, 59.
1967	La guerra de los Seis Días. III, 97.
1973	La guerra del Yom Kippur, el ataque por sorpresa de Egipto. SEXTILLAS 31 y 35.
1974	Dimisión de Golda Meir. VIII, 96.
1978	Revolución en Irán. El ayatolá Jomeini en Neauphle-le-Château. I, 70.
1979	Caída del sha, toma del poder por los religiosos en Irán, República islámica. X, 12.
1981	La rosa (socialismo) al poder en Francia. Las etapas de la vida de François Mitterrand: 1916, 1966, 1970 y 1981. La profecía de Nostradamus llega a toda la tierra gracias a los medios de comunicación. El asesinato de Anuar-el-Sadat. El golpe de Estado del general Jaruzelski y las persecuciones contra la Iglesia. Manifestaciones pacifistas. II, 97 y V, 96, SEXTILLA 44, III, 2, II, 34, V, 73 y I, 91.
1981-1984	Del 10 de mayo de 1981 al 20 de julio de 1984: los tres años y setenta días de presencia de los ministros comunistas en el gobierno de Francia. VI, 74.
1982	Guerra de las Malvinas. El atentado contra el papa Juan Pablo II en Fátima por un integrista. III, 1 y VIII, 94.
1985	Ruptura de las relaciones diplomáticas con Irán. SEXTILLA 8.
1986	El accidente nuclear de Chernobil mientras el cometa Halley estaba a igual distancia de Saturno y Marte en el mapa del cielo. IV, 67.

988	El cisma de monseñor Lefebvre. V, 46.
	Inundaciones en Nîmes. X, 6.
1989	El regreso de los seminaristas de Écone al seno de la Iglesia. La caída del muro de Berlín, consagrada por la fiesta nocturna en la Puerta de Brandeburgo, en Berlín, en la noche del 31 de diciembre. PRESAGIO 75 y V, 81.
1990	Irak contra Occidente: ataque sorpresa a Kuwait siete meses después de la caída del muro de Berlín. El desmembramiento del Pacto de Varsovia. VII, 23, V, 81 y II, 88.
1991	Guerra civil en Yugoslavia. Fin del comunismo en la Unión Soviética tras setenta años: desde la proclamación de la URSS (30 de diciembre de 1922) a agosto de 1991. II, 32, *Carta a Enrique* y PRESAGIO 21.
1994	Matanza de Hebrón. VI, 88 y III, 12.

Bibliografía

La siguiente bibliografía incluye numerosos títulos de publicaciones sobre Nostradamus. Esta abundante «jactancia» había sido perfectamente predicha por Michel de Nostre-Dame en el prefacio dirigido a su hijo. Esta bibliografía, aunque muy completa, no tiene la pretensión de ser exhaustiva.

Al entregarse a un análisis cifrado, se advierte que los Fontbrune, padre e hijo, han «inspirado» a gran número de autores que han utilizado ampliamente sus trabajos (1934-1991, o sea, casi sesenta años de investigaciones) para «producir» algunos escritos, bien comerciales, bien puro plagio o bien denigrantes, pero que el tiempo se complace malignamente en borrar de la memoria colectiva.

De hecho, de los más de trescientos textos relacionados con Nostradamus (entre los que se incluyen libros, artículos de revistas, tesis doctorales, conferencias, etc.) que han visto la luz desde la fecha de la primera publicación de las centurias, en 1555, hasta la actualidad, la mayor frecuencia de aparición ha sido en época reciente, es decir, primero tras la publicación de *Les Prophéties de Maître Michel Nostradamus expliquées et commentées*, del doctor Max de Fontbrune, en 1938, y luego tras la de *Nostradamus, historien et prophète*, en 1980.

225

¿Qué pasará a raíz de que aparezca el presente libro...? Resulta esencial recordar que *Nostradamus, historien et prophète* es el segundo bestseller sobre el tema, tras la primera obra citada, del que se vendieron, entre 1938 y 1940, 60.000 ejemplares, venta muy importante para la época. Y la carrera de la mencionada obra habría sido probablemente más brillante todavía si la policía de Vichy no la hubiera prohibido y secuestrado el 13 de noviembre de 1940.

ALLAINES, Henri d', *Actualité de l'Apocalypse*, La Colombe, París, 1963.

ALLEMAND, Jean-Marc, *Nostradamus et les tréteaux de l'Antéchrist*, Éd. Guy Trédaniel, París, 1993.

ALLGEIER, Kurt, *Die grossen Prophezeiungen des Nostradamus in moderner Weissagungen bis ins Jahr 2050*, Wilhelm Heyne Verlag, Munich, 1982.

AMARIU, Constantin, *Les Prophéties de l'an 2000*, Éd. France-Empire, París, 1983.

AMIAUX, *Nostradamus*, Sorlot, París, 1939.

ANQUETIL, Georges, *L'Anti-Nostradamus*, Éd. de la Maison des Écrivains, París, 1940.

AUCLAIR, Raoul, *Les Centuries de Nostradamus*, Deux-Rives, París, 1958.

—, *Le Crépuscule des Nations*, La Colombe, París.

—, *Les Centuries de Nostradamus ou le dixième livre sibyllin*, Nouvelles Éditions latines, 1957, 1975, 1981.

BALDUCCI, Richard, *La Vie fabuleuse de Nostradamus*, Éd. Filipacchi, 1991.

BARBARIN, Georges, *Les Derniers Temps du monde, de l'Antéchrist au Jugement dernier*, Éd. Dervy, París, 1951.

BARESTE, Eugène, *Éditions des Centuries*, Maillet, París, 1840-1842.

BELLECOUR, Élisabeth, *Nostradamus trahi, suivi du texte original et complet des dix centuries*, edición de 1605, Robert Laffont, 1981.

BERTRAND, Michel, *Histoires secrètes de la Provence*, Albin Michel, París, 1978.

BICHAT, Félix, *Les Prédictions sensationnelles de Nostradamus, qui était Nostradamus?* Éd. Administration, 14, rue Duphot, París, sin fecha (hacia 1940).

BLANCHARD y REYNAUD-PLENSE, *La Vie et l'Oeuvre de Nostradamus*, Imp. Léon Guillaumichon, Salon, 1963.

BONIFACE, A., *Buonaparte prédit par des prophètes et peint par des historiens, des orateurs et des poètes ou morceaux en prose et en vers sur les circonstances actuelles, recueillis par A. Boniface*, Imp. d'Hautel, París, 1814.

BONNELIER, Hippolyte, *Nostradamus, roman historico-cabalistique*, A. Ledoux, París, 1833, 2 volúmenes.

BONNET, Jean, *Résumé des prophéties de Nostradamus. Les événements et les symboles*, seguido de *Commentaires de la Bible par Nostradamus* y de *Détermination des dates dans Nostradamus*, Jean Bonnet, París, 1973.

BORBONELLI DI PARMA, Leonidas Antonio di, *Tesi Nostradamus*, inédito, 1989. Pretendiente a la descendencia de Luis XVII: demostración a través de las cuartetas de Nostradamus.

BOSCOLO, Renuccio, *Nostradamus, Centurie et Presagi*, Oscar Mondadori, Milán, 1979.

—, *Key to the Future*, Key Foundation, Abbot Press, Burlingame, California, 1984.

BOUCHE, Honoré, *La Chorographie de l'histoire de Provence*, Charles David, Aix-en-Provence, 1664.

BOUCHET, Marguerite, *Les Oracles de Michel de Nostre-Dame*, Les Livres Nouveaux, París, 1939.

BOULENGER, Jacques, *Nostradamus*, Excelsior, París, 1933.

BOUYS, Théodore, *Nouvelles Considérations sur les oracles et particulièrement sur Nostradamus*, Desenne, Deray, París, 1806.

BRIND'AMOUR, Pierre, *Nostradamus astrophile*, Les Presses de l'université d'Ottawa, Éd. Klincksieck, Canadá, 1993.

BUSET, Claude, *Nostradamus et autres prophètes du Père et de l'Esprit*, La Pensée universelle, París, 1974.

BUSQUET, Raoul, *Nostradamus, sa famille et son secret*, Fournier Valdes, París, 1950.

CADRES, Geoffroy, *L'Étrange Auteur Nostradamus*, La Pensée universelle, París, 1978.

CENTURIO, N., *Nostradamus der Prophet des Weltgeschichte*, Turm Verlag, Bietighehl/Wurtemberg, 1977.

—, *Die grossen Weissagungen des Nostradamus, prophetische Weltgeschichte bis, zum Jahr 2050*, Wilhelm Goldmann Verlag, 1981.

CHABAUTY, Abate E. A., *Lettres sur les prophéties modernes et concordance de toutes les prédictions jusqu'au règne de Henri V*, Henri-Houdin, Poitiers, 1872.

CHARPENTIER, Josane, *Le Livre des prophéties, de l'énigme de la*

Grande Pyramide aux métamorphoses de l'an 2000, Robert Morel, Forcalquier, 1971.

CHÂTELAIN, Maurice, *La fin du monde*, Éd. du Rocher, Mónaco, 1982.

CHAVIGNY, A. de, *Les Pléiades du Sieur de Chavigny, Beaunois, divisées en VII livres, prises et tirées des anciennes prophéties et conférées avec les oracles du tant célèbre et renommé Michel de Nostradamus, jadis conseiller et médecin de trois rois très chrestiens. Où est traité du renouvellement des siècles, changement de l'Empire et advancement du nom Chrestien...*, Pierre Rigaud, Lyon, 1604, 2 partes en un volumen en octavo, pergamino.

CHAVIGNY, Jean-Aimé de, *Commentaires du Sieur de Chavigny sur les Centuries et prognostications du feu Michel de Nostre-Dame*, De Breuil, París, 1956.

CHEETHAM, Erika, *The Prophecies of Nostradamus, Complete Works of the 16th Century Astrologer who Predicted Air Travel, the Second World War and the Assassination of President Kennedy*, Neville Spearman, Londres, 1973, Gorgi Books, Londres, 1985, 1987, 1988, G.P. Putnam's sons, Nueva York, 1990.

—, *The Further Prophecies of Nostradamus, 1985 and beyond*, The Putnam Publishing Group, Nueva York, 1985.

—, *The Prophecies of Nostradamus*, Perigee Books, G.P. Putnam's sons, Nueva York, 1989.

CHOMARAT, Michel, *Nostradamus entre Rhône et Saône*, Éd. Ger, Lyon, 1971.

CHRISTIANI, Chanoine, *Nostradamus, Malachie et Cie*, Le Centurion, París, 1955.

CLAVIEZ, Jacques, *Nostradamus, Prophécies*, J.C.I. Inc., Montreal, 1994.

CLEBERT, Jean-Paul, *Nostradamus, mode d'emploi, la clé des prophéties*, J.-C. Lattès, París, 1981.

—, *Nostradamus*, Édisud, 1993.

COLBERT, Abel, *Nostradamus, profecías, centurias y testamento*, A.T.E., Barcelona, 1982.

CORVAJA, Mireille, *Les Prophéties de Nostradamus*, Éd. De Vecchi, París, 1975.

—, *Les Prophéties de Nostradamus, avec le texte intégral des centuries commenté*, De Vecchi poche, 1994.

COUILLARD, Antoine, *Les Contredits aux prophéties de Nostradamus*, Charles d'Angelier, París, 1560.

CROUZET, François, *Nostradamus, poète français*, Julliard, París, 1976.

DAVID-MARESCOT, Yves e Yvonne, *Prédictions et prophéties*, Éd. Idégraf et Vernoy, Ginebra, 1979.

DE ANDREIS, J. R., y SALAZAR, J. P., *Nostradamus: Astrólogo y Profeta*, Obelisco, Barcelona, 1981.

DELANGE, Christian, *Les Nouvelles Révélations de Nostradamus*, Éd. SPAL, 1994.

DUFRESNE, Michel, *Nostradamus, première centurie*, Éd. Pygmalion/Gérard Watelet, París, 1994.

DUMÉZIL, Georges, ... *Le Moyne noir en gris dedans Varennes, sotie nostradaique*, Gallimard, París, 1984.

DUPONT-FOURNIEUX, Y., *Les Derniers Jours des Derniers Temps* (prefacio del doctor De Fontbrune), La Colombe, París, 1959.

ÉDOUARD, P., *Texte original et complet des prophéties de Nostradamus*, Les Belles Éditions, París, 1939.

ÉDOUARD y MEZERETTE, *Texte original des prophéties de Nostradamus de 1600 à 1948 et de 1948 à l'an 2000*, Les Belles Éditions, París, 1947.

FERVAN, Jean, *La Fin des temps*, Éd. La Bourdonnais, París, 1937.

FONTBRUNE, doctor Max de, *Les Prophéties de Nostradamus dévoilées, lettre à Henry Second*, Adyar, 1937.

—, *Les Prophéties de maistre Michel Nostradamus expliquées et commentées*, Éd. Michelet, Sarlat, 1938, 1939, 1940 (ediciones secuestradas en la imprenta de Cahors por la policía de Vichy, el 13 de noviembre de 1940). Reimpresiones en 1946, 1958, a cuenta de autor en 1975, Jean-Charles de Fontbrune, Aix-en-Provence.

—, *Ce que Nostradamus a vraiment dit* (prefacio de Henry Miller), reimpresión del precedente, Éd. Stock, París, 1976.

—, *La Prédiction mystérieuse de Prémol*, Éd. Michelet, Sarlat, 1939.

—, *La Divine Tragédie de Louis XVII*, Éd. Michelet, Sarlat, 1949.

—, *L'Étrange XXe Siècle vu par Nostradamus*, Éd. Michelet, Sarlat, 1950.

FONTBRUNE, Jean-Charles, (hijo del doctor De Fontbrune), *Nostradamus, historien et prophète*, Éd. du Rocher, Mónaco, 9 octubre 1980. (Edición española: *Nostradamus, historiador y profeta*, Barcanova, Barcelona, 1981.) Publicado asimismo en Alemania, Brasil, Canadá, Estados Unidos, Gran Bretaña, Grecia y Turquía.

—, *Nostradamus, historien et prophète, Lettre à Henry, roy de France second, Nouvelles Prophéties, les preuves*, tomo II, Éd. du Rocher, Mónaco, 1982. (Edición española: *Nuevas profecías de Nostradamus. Carta a Enrique, rey de Francia segundo. Pruebas de las profecías cumplidas desde octubre de 1980*, Juan Granica, Barcelona, 1983.) Publicado asimismo en Brasil, Estados Unidos, Gran Bretaña e Italia.

—, *Les Prophéties de Malachie, Histoire et Prophétie des papes*, Éditions du Rocher, Mónaco, 1984. (Edición española: *La profecía de los papas*, Martínez Roca, Barcelona, 1985.) Publicado asimismo en Canadá, Italia y Portugal.

—, *La Comète et les Prophéties*, Éd. Michel Lafon, París, 1986. (Edición española: *Los cometas y las profecías*, Martínez Roca, Barcelona, 1986.)

FORMAN, Henry-James, *Les Prophéties à travers les siècles*, Payot, París, 1938.

FRONTENAC, Roger, *La Clé secrète de Nostradamus*, Denoël, París, 1950.

GALLOTTI, A., *Nostradamus, las profecías del futuro*, Martínez Roca, Barcelona, 1981.

GARENCIERES, Theophilus, *The True Prophecies of Prognostications of Michael Nostradamus*, Londres, 1672.

GIORGI, Giorgio, *Il prossimo futuro*, Armenia Editore, Milán, 1980.

GRAVELAINE, Joëlle de, *Prédictions et prophéties*, Hachette, París, 1965.

GUÉRIN, Pierre, *Le Véritable Secret de Nostradamus*, Payot, París, 1971.

GUICHARDAN, S., *La Chasse aux prophéties*, Bonne Presse, Limoges, 1941.

GUICHENOU, Joseph, *Catalogue de tableaux au musée Calvet*, Avignon, 1909.

GUILHAUME, Philippe, *Nostradamus, l'exploitation séculaire d'un fonds de commerce*, RMC Édition, 1987.

GUYNAUD, Balthazard, *Concordance des prophéties depuis Henri II jusqu'à Louis le Grand*, Jacques Morel, París, 1693.

HADÈS, *Que sera demain?* La Table Ronde, París, 1966.

HAITZE, Pierre-Joseph, *La Vie de Nostradamus*, David, Aix-en-Provence, 1712 y 1911.

HAROLD, R. A., *Les Prophètes et les Prophéties de l'Apocalypse à nos jours*, La Caravelle, Bruselas y L'Avenir, París, 1948.

HEWITT, V. J., y LORIE, Peter, *Nostradamus, prédictions pour la fin du millénaire*, Éd. Solar, París, 1992.

HOGUE, John, *Nostradamus and the Millenium*, Labyrinth Publishing, Suiza, 1987.

HUTIN, Serge, *Les Prophéties de Nostradamus avec présages et sixains*, Pierre Belfond, París, 1981.

—, *Les Prophéties de Nostradamus*, Club Géant Historique, Les Éditions de la Renaissance, París, 1966.

—, *Nostradamus et l'Alchimie*, Éd. du Rocher, París, 1988.

HYMAN STENFERT KROESE y VAN DE ZANDE, *Voorspellingen die uitgekomen Zÿn, Michael Nostradamus spreekt in 1558 over het verloop en den uitslag van dezen oorlog*, Arnhem, Holanda, sin fecha (hacia 1940-1945).

I. A. F., *Le Substrat mathématique de l'oeuvre de Nostradamus*, Éd. de Psyché, París, 1949.

IONESCU, Vlaicu, *Nostradamus. L'Histoire secrète du monde*, Éd. du Félin, París, 1987.

—, y DE BROSSES, Marie-Thérèse, *Les Dernières Victoires de Nostradamus*, Éd. Filipacchi, París, 1993.

IRISCH, JOSS, *Nostradamus, profecías de ayer, hoy y mañana*, Mundo Actual de Ediciones S. A., Barcelona, 1981.

JACQUEMIN, Suzanne, *Les Prophéties des Derniers Temps*, La Colombe, París, 1958.

KERGELAND, Jean de, *De Nostradamus à Cagliostro*, Éd. Self, París, 1945.

KUBNICK, Henri, *La Grande Peur de l'an 2000*, Albin Michel, París, 1974.

LABADIE, Jean, *Peut-on dire l'avenir?* Aubanel, Avignon, 1941.

LAMOTTE, Pierre, *De Gaulle révélé par Nostradamus, il y a quatre siècles*, Le Scorpion, París, 1961.

LANTOS, Yvan, *Nostradamus, la prima vera biografia dell'uomo che visse il futuro nel suo tempo*, Editoriale Nuova, Roma, 1982.

LAROCHE-VALMONT, Jean-Quentin, *Les Prophéties de Nostradamus*, SIPE, París, 1981. Plagio del libro de Jean-Charles de Fontbrune, secuestrado por orden judicial.

LAVER, James, *Nostradamus*, Penguin Books, Londres, 1942.

—, *Nostradamus, the Future Foretold*, Georges Mann, Maidstone, 1973.

LEE MAC CANN, *Nostradamus, the Man who Saw through Time*, Mc Graw-Hill Ryerson Ltd, Toronto, 1989.

LEONI, Edgard, *Nostradamus and his Prophecies*, Bell Publishing Company, Nueva York, 1982.

LE PELLETIER, Anatole, *Les Oracles de Nostradamus, astrologue, médecin et conseiller ordinaire des rois, Henry II, François II et Charles IX*, Jean de Bonnot, París, 1976.

LE ROUX, Jean, *La Clé de Nostradamus, Isagoge ou Introduction au véritable sens des prophéties de ce fameux auteur*, Pierre Giffard, París, 1710.

LEROY, doctor Edgard, *Saint-Paul-de-Mausole à Saint-Rémy-de-Provence*, Imprimerie générale du Sud-Ouest, Bergerac, 1948.

—, *Nostradamus, ses origines, sa vie, son oeuvre*, Imp. Trillaud, Bergerac, 1972.

LORIE, Peter, *Nostradamus the Millenium & Beyond, the Prophecies to 2016*, A Labyrinth Book, Reino Unido, 1993.

MABY, Pascale, *Le Dossier des prophètes, voyants et astrologues*, Albin Michel, París, 1977.

MAC NEICE, Louis, *L'Astrologie*, Tallandier, 1966.

MADELEINE, Georges, *La Prochaine Guerre mondiale vue par Nostradamus*, Éd. Proventia, Toulon, 1952.

MAREUIL, Jean de, *Les Ultimes Prophéties de Nostradamus*, Jacques Grancher, París, 1994.

MARQUEZ DA CRUZ, *Profecias de Nostradamus*, Éd. Cultrix, Sao Paulo, Brasil.

MONTEREY, Jean, *Nostradamus prophète du XXᵉ siècle*, La Nef, París, 1963.

MOULT, Thomas-Joseph, *Prophéties perpétuelles, très anciennes et très certaines*, almanaque del siglo XVII, reeditado por Éd. des Cahiers astrologiques, Niza, 1941.

MOURA, Jean, y LOUVET, Paul, *La Vie de Nostradamus*, Gallimard, 1930.

MURAISE, Éric, *Du roi perdu à Louis XVII*, Julliard, París.

—, *Histoire et légende du Grand Monarque*, Albin Michel, París, 1975.

—, *Saint-Rémy-de-Provence et les secrets de Nostradamus*, Julliard, París, 1969.

—, *Voyance et Prophétisme*, Fernand Lanore, París, 1980.

NECROMAN DON, *Comment lire les prophéties de Nostradamus*, Éd. Maurice d'Hartoy, París, 1933.

NICOULLAUD, Charles, *Nostradamus, ses prophéties*, Perrin et Cie, París, 1914.

NOORBERGEN, Réné, *Nostradamus Predicts the End of the World*, Pinnacle Books, Windsor Publishing Corp., 1990.

NOSTRADAMUS, César, *Poésies*, Colomiez, Toulouse, 1606-1608.

—, *L'Entrée de la reine Marie de Médicis en sa ville de Salon*, Jean Tholosan, Aix-en-Provence, 1602.

—, *Histoire et Chroniques de Provence*, Simon Rigaud, Lyon, 1614.

Nostradamus, his Prophecies for the Future, The Peter Pauper Press, Frank J. MacHovec, Nueva York, 1982.

NOSTRADAMUS, Michel, *Les Prophéties de M. Michel Nostradamus*. Numerosas ediciones desde 1555.

—, *Prognostication nouvelle et Prédiction protenteuse pour l'an 1555 composées par M. Nostradamus*, Jean Brotot, Lyon, siglo XVI.

—, *Démonstration d'une comette*, Jean Marcorelle, Lyon, 1571.

—, *Prognostication et Prédiction des quatre temps pour 1572*, Melchior Arnoullet, Lyon, 1572.

—, *Prophéties par l'astrologue du très-chrétien roy de France et de Mme la duchesse de Savoye*, F. Arnoullet, Lyon, 1572.

—, *Lettres de Maistre Michel Nostradamus de Salon-de-Crau-en-Provence à la Royne, mère du Roy*, Benoist Rigaud, Lyon, 1566.

—, *Almanach pour l'an 1573, avec les présages*, Pierre, Roux, Avignon, 1562.

—, *Almanach pour l'an 1567*, Benoist Odo, Lyon.

—, *La Grant Prognostication nouvelle avec la déclaration ample de 1559*, Jean Brotot, Lyon, 1558.

—, *Almanach des prophéties*, P. N. Jausserand, Lyon, 1871-1872.

—, *Prophétie ou Révolution merveilleuse des quatre saisons de l'an*, Michel Jove, Lyon, 1567.

—, *Traité de fardements et confitures*, Antoine Volant, Lyon, 1555.

—, *Paraphrase de C. Gallien, traduite par Nostradamus*, Antoine du Rosne, Lyon, 1557.

—, *Excellent et Très Utile Opuscule de plusieurs exquises réceptes*, Benoist Rigaud, Lyon, 1572.

—, *Prophéties sur Lyon, la France et le monde entier dans les premières années du xxᵉ siècle* (5 fascículos), P. Bousset y M. Paquet, Lyon, 1907-1909.

—, *Les Merveilleuses Centuries et Prophéties de Nostradamus*, Éd. André Virel y Éd. artisanales SEFER, Niza, 1961.

—, *Les Prophéties de Nostradamus*, texto completo, libro «Club des Champs-Élysées», Éd. Baudelaire, París, 1967.

—, *Prophéties nouvelles de Michel Nostradamus trouvées dans sa tombe au moment de l'ouverture dans l'église des Cordeliers de*

Salon pour 1820, 1821, 1822, 1823, 1824, 1825 et 1826, imprenta de Calmen, impresor del Rey, 11, rue d'Angoulême, Toulon.

—, *Traité des confitures*, Christophe Plantin, Amberes, 1557. Reeditado por Jean-Claude Bailly, Gutenberg Reprints, París, 1979.

—, *Des confitures*, presentación y adaptación de Fabrice Guérin, Olivier Orban, París, 1981. (Edición española: *Tratado de las confituras*, Barcanova, Barcelona, 1982.)

—, *Guide des recettes magiques de Nostradamus et autres sages contemporains*, Teorema, Barcelona, 1982.

NOSTREDAME, Jean de, *Les Vies des plus anciens et célèbres poètes provençaux qui ont fleuri du temps des comtes de Provence*, Basile Bouquet, Lyon, 1575.

PARISOT, F., *Le Grand Avènement précédé d'un grand prodige*, Typographie des Célestins, Bar-le-Duc, 1873.

PASTEUR, Jean-François, *Hoe zal deze oorlog eindigen? Een belangwekkende ven actueele beschouwing op grond der Voorspellingen van Michel Nostradamus, gegeven in «Les vrayes Centuries et Prophéties»*, W.J. Ort-Drukker & Uitgever, Te's-Gravenhage, Holanda, 1940.

PATRIAN, Carlo, *Nostradamus le profezie*, Edizioni Mediterranee, Roma, 1978.

PICHON, Jean-Charles, *Le Royaume et les Prophètes*, Robert Laffont, París, 1960.

—, *Nostradamus et le secret des temps*, Les Productions de Paris, 1970.

—, *Nostradamus en clair*, Robert Laffont, París, 1970. (Edición española: *Nostradamus descifrado*, Plaza y Janés, Barcelona, 1975.)

PIOBB, P. V., *Le Secret de Nostradamus*, Éd. Dangles, París, 1945.

—, *Le Sort de l'Europe d'après la célèbre prophétie des papes de saint Malachie, accompagnée de la prophétie d'Orval et des toutes dernières indications de Nostradamus*, Dangles, París, 1939.

P. L. B., Bolen, *1981-2000, 20 ans qui transfigurent le monde*, Éd. Voir et Decouvrir, Bruselas, 1981.

POULIN, Maurice, *Nostradamus enfin décodé. Le grand monarque messager du Verseau*, Éd. Louise Courteau, Montreal, 1985.

PRIVAT, Maurice, *1937 année de relèvement*, Éd. Médicis, París, 1936.

—, *1938 année d'échéance*, Éd. Médicis, París, 1937.

—, *1939 année de reprise*, Éd. Médicis, París, 1938.

—, *1940 prédictions mondiales, année de grandeur française*, Éd. Médicis, París, 1939.

—, *La Fin de notre siècle et la vie du futur grand monarque d'après Nostradamus*, Éd. Floury, París, 1939.

PUTZIEN, Rudolf, *Friede unter Volkern? Die Weisagungen des M. Nostradamus und ihre Bedeutung fur Atomzeitalter*, Drei Eichen Verlag, H. Jissener, Munich, 1981.

RANDI, James, *The Mask of Nostradamus. The Prophecies of the World's Most Famous Seer*, Prometheus Books, Nueva York, 1993.

REED, Clarence, *Great Prophecies about the War*, Faber and Faber, Londres, 1941.

RIGAUX, abate, *Notes sur la vie de Michel Nostradamus recueillies par le R.P. Jean de Saint-Étienne*, Imp. Henri Douchet, Méricourt, 1906.

—, *L'Abbé Rigaux interprète de Nostradamus*, Imp. Yvert, Amiens, 1936.

ROBB, Steward, *Nostradamus on Napoleon, Hitler and the Present Crisis*, Ch. Scribners Sons, Nueva York, 1941.

—, *Nostradamus on Napoleon*, The Oracle Press, Nueva York, 1961.

—, *Nostradamus and the End of Evils Begun*, Longmeadow Press, Nueva York, 1984 y 1991.

ROBERTS, Henry, *The Complete Prophecies of Nostradamus.* Henry Robert, Great Neck, Nueva York, 1971.

ROBIN, Jean, *Réponse de Nostradamus à monsieur de Fontbrune*, Éditions de la Maisnie, París, 1981.

ROLLET, Pierre, *Interprétation des hyéroglyphes de Horapollo*, Éd. Ramoun Bérenguié, Aix-en-Provence, 1968.

ROUDENE, Alex, *Les Prophéties, vérité ou mensonges?* Éd. de l'Athanor, París, 1976.

ROUELLOND DE ROUELLONDIERE DE CHOLLET, *La Prophétie de Rouellond, manuscrit du XVIe siècle*, Victor Pipeau, Beauvais, 1861.

ROUVIER, Camille, *Nostradamus*, La Savoisienne, Marsella, 1964.

RUIR, Émile, *Le Grand Carnage d'après les prophéties de Nostradamus de 1938 à 1947*, Éd. Médicis, París, 1938.

—, *L'Écroulement de l'Europe d'après les prophéties de Nostradamus*, Éd. Médicis, París, 1939.

—, *Nostradamus, ses prophéties, 1948-2023*, Éd. Médicis, 1947 y 1948.

—, *Nostradamus, les proches et derniers événements*, Éd. Médicis, París, 1953.

Ruzo, Daniel, *Les Derniers Jours de l'Apocalypse*, Éd. Payot, 1973.

—, *Le Testament de Nostradamus*, Éd. du Rocher, París, 1975 y 1982.

Saby, Édouard, *Le Destin du monde selon les prophètes*, Éd. Baneton-Thiolier, París, 1945.

Saint-Hilaire, *Ainsi parla Nostradamus*, Rossel Éditions, Bruselas, 1982.

San Antonio, *Les Prédictions de Nostraberus*, Éd. Fleuve noir, París, 1974.

Sède, Gérard de, *Les Secrets de Nostradamus*, Julliard, París, 1969.

Siris, Odette, *Les Prophéties*, Éd de Vecchi, París 1992.

Spica-Capella, *La Clef des prédictions nostradamiques*, Éd. des Soirées astrologiques, 1841.

Tarade, Guy, *Les Dernières Prophéties pour l'Occident*, Robert Laffont, París, 1979.

—, y Schreyer, Alexandra, *Le Dernier Secret de Nostradamus*, Les Presses de la Cité, París, 1993.

Touchard, Michel, *Nostradamus*, Éd. Celt, 1972.

Tronc de Coudoulet, *Abrégé de la vie de Nostradamus suivi d'une nouvelle découverte de ses quatrains*, J. Audibert, Aix-en-Provence.

Voldben, A., *After Nostradamus*, Neville Spearman, Londres, 1981.

Vreede, Mr. Dr. W. L., *De Profetieën van Nostradamus*, N. V. Servire, Den Haag, Holanda, 1941.

Willoquet, Gaston, *La Verité sur Nostradamus*, Éd. traditionnelles, París, 1967.

Wollherr, Andrée, *Nostradamus, Profezeiungen bis zum Jahr 2000, vom Computer entschlüsselt*, Sachbuch Aktuell, Freudenstadt, 1981.

Yram, *Prophéties connues et prédictions inédites*, L'Édition d'Art, París.

Índice

Colección Fontana Fantástica
Profecías